賃貸管理イノベーション戦略

PM×コンサルティングで不動産業が進化する

㈱シー・エフ・ネッツ 代表取締役
倉橋隆行

住宅新報社

はじめに

しばらく、業界向けの著書を出していなかった。

最近ではインターネット書店も数多くあるから、私の著作歴を調べていただければわかるとおり、不動産投資と相続対策を中心とした一般書籍が多い。現在も執筆依頼が多いわけだが、本書出版の住宅新報社からなんとか業界向けの書籍の執筆ができないかと打診があった。

私が『賃貸住宅仲介・管理の戦略・戦術と業務マニュアル』（環境企画）の執筆を行ったのが、平成5年3月である。その後、3冊の業界向けマニュアルを出版し、『賃貸トラブル110番』（にじゅういち出版）が発刊されたのが平成10年である。

まだまだ「賃貸管理」という業務が徐々に定着しだしたころであり、「賃貸管理」の業務で利益など上がらないと言われていた時期に、私自身が手探りで様々な研究を行いながら、前述のマニュアル類を完成させた。そして『賃貸トラブル110番』という新刊本が全国書店に並んだことで、賃貸管理業務の書式類が整備され、業務の体系が出来上がってきた。

また、同時に、私は毎年数回、海外にわたりプロパティマネジメントの仕組みを研究し、IREM（Institute of Real Estate Management）が発行している国際ライセンスであるCPM（Certified Property Manager®）も日本人で初めて海外で受験して取得、現在のIREM-JAPAN創設にも携わった。

現在は、不動産コンサルティングや不動産投資、相続対策などの出版物を多く書かせていただいている関係で、私自身が「賃貸管理」あるいは「プロパティマネジメント」の先駆者の一人であるということすら忘れられている状況のなかでの、今回の執筆依頼である。

平成14年には住宅新報社で『稼げる賃貸管理経営』という本を書かせていただいたが、この時は、CFネッツグループの中核のCFネッツ創業2年目のときであった。現在のCFネッツグループは、CFビルマネジメント、月極倶楽部、南青山建築工房、日本テナントサービスなど12社になり、不動産業、賃貸管理業、建設業、ホテルや飲食事業など、幅広い事業展開を行っており、取扱高は150億円を超えるに至っている。創業13年程度でここまで成長し、今後も経営戦略の中で成長路線はみえている。横浜の港南台で創業し、新宿や南青山やみなとみらいなどに支店を複数展開していたが、現在では東京の銀座に東京支社、大阪駅前に大阪支社を設置し、そして鎌倉に本社ビルを購入して本部とし、不動産コンサルティングを行っている。そして賃貸管理件数は、サブリースも含めると1万戸を超えている。

つまり、賃貸管理件数も、創業13年で1万戸を超える勢いで増え続けている事実と照らし合わせていただければ、当然ながら、賃貸管理、いや、プロパティマネジメントの実力もわかっていただけるのではないかと思う。

現在、不動産業界は大きく変革している。

CFネッツが創業したばかりの頃は「不動産コンサルティングで飯は食えない」と揶揄され、私自身も全国の宅地建物取引業協会や全日本不動産協会、日本賃貸住宅管理協会、そして本書発行の住宅新報社などで講演させていただいたが、やはり「不動産コンサルティングで飯は食えない」ということで、業界は不動産コンサルティングというものには消極的であった。

ところが、現在ではどうか。

世の中の流れは「コンサルティングなくして物は動かない」と、どこの業界でも言われるようになり、不動産コンサルティングを中心に行ってきたCFネッツグループは、常に業績を積み上げてきている。同様に考える会社は伸びているが、そうでない会社は残念ながら業績は伸び悩んでいるのである。

私が欧米の不動産管理、あるいは不動産コンサルティングの業務を学んでいたときに印象に残った言葉がある。それは「成功する人には3人のパートナーが必要である」ということである。1人は弁護士、1人は税理士、そしてもう1人は不動産の専門家。弁護士は法律で自分を守るため、税理士はなるべく税金を抑えるため、そして不動産の専門家は資産を増やすためだという。しかしながら日本の不動産業者が、かようなビジネスモデルを構築できるのだろうかと、当時は悩んだものである。

しかし、現在は違う。明らかに構築できるし、構築しなければなんらの資源のない日本に将来はないのである。

今回、本書の出版にあたり、過去30年近くにわたって構築してきた仕組みを忌憚なく解説させていただく。20数年前、若かりし頃に業界関係者の前で講演させていただいたときに「何を若造が生意気に」とお叱りを受け、会場の3分の1ほどが憤慨して帰ってしまったという経験がある。

主催者側からは「ぜんぜん気にすることはありません。先生の言っていることは正しいと思います」と励まされ、むしろ講演回数が増やされたことがある。

今回の著書でも、場面によっては生意気に聞こえる部分もあると思うが、そこは既に「若造」ではなくなったので勘弁していただき、本質的な部分で、なんらかの新たなビジネスモデルの参考にしていただければ幸いである。

平成26年7月

シー・エフ・ネッツ代表取締役　倉橋隆行

目次

第2章 参考にした海外のプロパティマネジメントの実態 …… 69

第3章 欧米型の不動産業を日本に取り入れる方法

第4章 不動産コンサルタント会社の実態

第5章　関連業務の補強により最強と呼ばれる会社に　149

第1章

不動産コンサルティングを実現する賃貸管理（プロパティマネジメント）会社の必要性

1. 従来型の不動産仲介業では優秀な人材は育たない

もう30年以上前の話である。

私がこの業界に入ったきっかけは、不動産業のなかでも中古住宅の売買仲介会社であった。しかし、その後、ちょっとした事情から賃貸管理の現場を受け持つようになり、その事業部が急成長を遂げ、そのビジネスモデルが注目を浴び、全国各地で講演に呼ばれるようになった。

その辺の事情は『馬鹿に効く薬』（週刊住宅新聞社）に書いたので、ご存知の人もいるかもしれないが、当時の賃貸管理の仕事は、どちらかというと賃貸のリーシングの延長線上の仕事であって、ほとんど専門性を感じられるものではなかった。しかし私自身は、この業務の延長線上には、様々なビジネスチャンスが埋もれていることに気づき始めていた。

そんななか、最初に呼ばれた講演の際、その壇上で「いまの不動産屋は馬鹿ばかり」とい

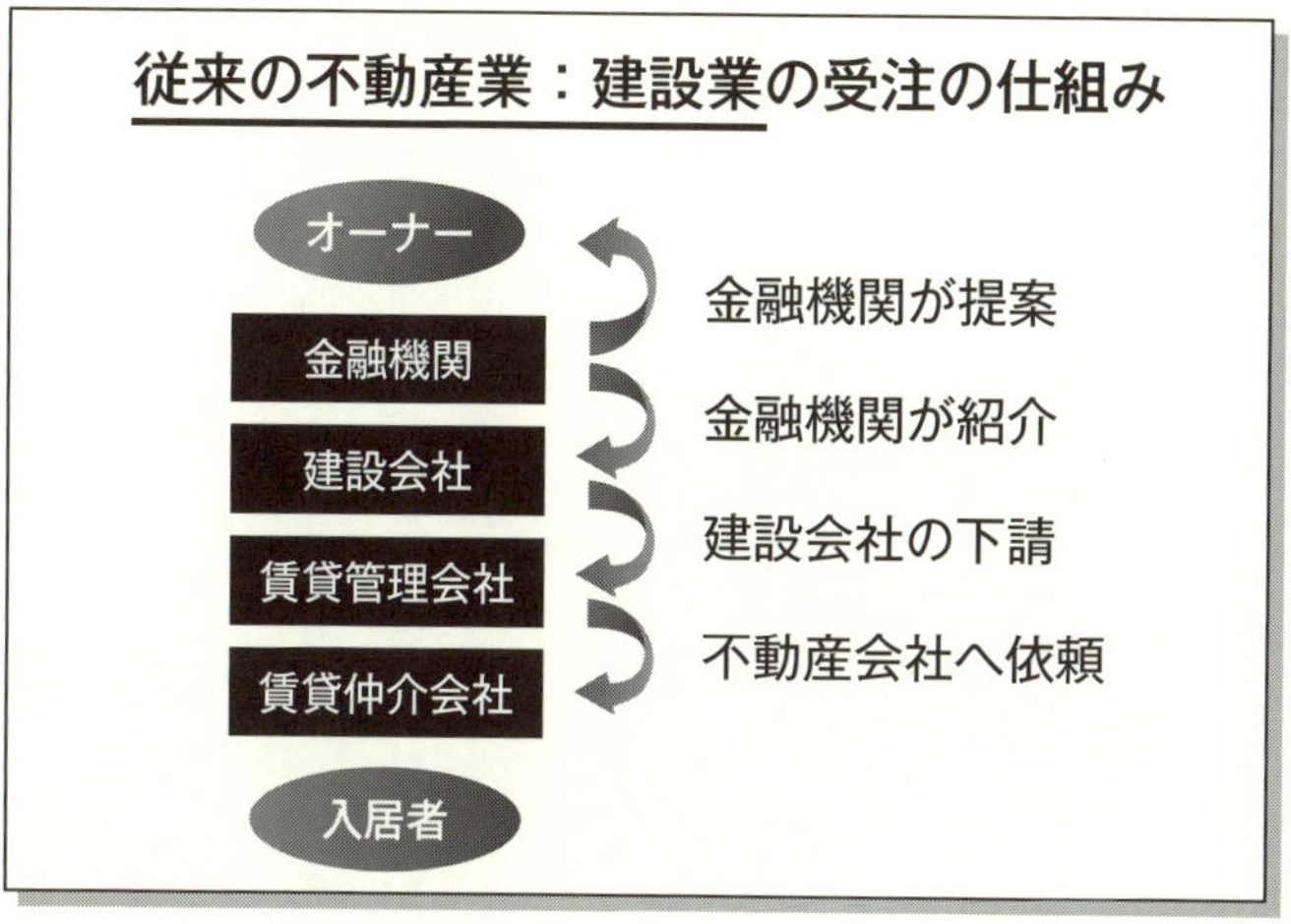

う発言をして大きな波紋を呼んでしまった苦い経験がある。もちろん、当時、様々な周辺環境と事情があったのであるが、この業界は人材が育たない環境であることが、その発言の要因の一つである。

そもそも、不動産の賃貸仲介はもうからない。もうからないから人材の育成はできないし、長期的な戦略も立てられない。

現在は、多少変わってきてはいるが、当時の不動産賃貸の仲介会社の仕事は、上の図のような流れの中で最下部の仕事の受注をしてきていた。

金融機関が、土地活用や相続対策の名目で「地主」と呼ばれる人たちにアパートやマンションの建築を勧めて融資をし、その金融機関が付き合いの深い建設会社やハウスメーカーに建築を依頼する。

するとと建設会社は、なるべく高い価格で受注したいから、一番大切な事業収益の見込みである「賃料」を高めに設定してシミュレーションを作成し、オーナーになる地主に提案する。すでにこの時点で問題が起きているのだが、建設会社は建てるのが仕事だから無責任なシミュレーションに責任を感じない。あるいは、そもそも賃料の内容など詮索されたくないから「一括借上げ」と称して、いかにも長期的に運営ができるようにごまかして建築の受注をしたりする。

さらに、その建設会社の下請けのような管理会社が存在し、無理やり高い賃料設定の管理物件を引き受けたり、「一括借上げ」でマスターリースして、適正な賃料をごまかしてしまう。するとそのエリアの市場には、相場とかけ離れた賃料の物件が供給されたり、マスターリースされた物件の空室を埋めるための賃料減額やフリーレントなどのキャンペーンなどがはられ、賃料相場が乱されることになる。図で示すとおり、最下部で直接的に顧客と向き合っている賃貸仲介会社は、なかなか物件を決めることができずに苦戦することになる。

仮に1億円の建物が建築されて、1戸当たりの賃料が10万円で10戸だとすると、せいぜい

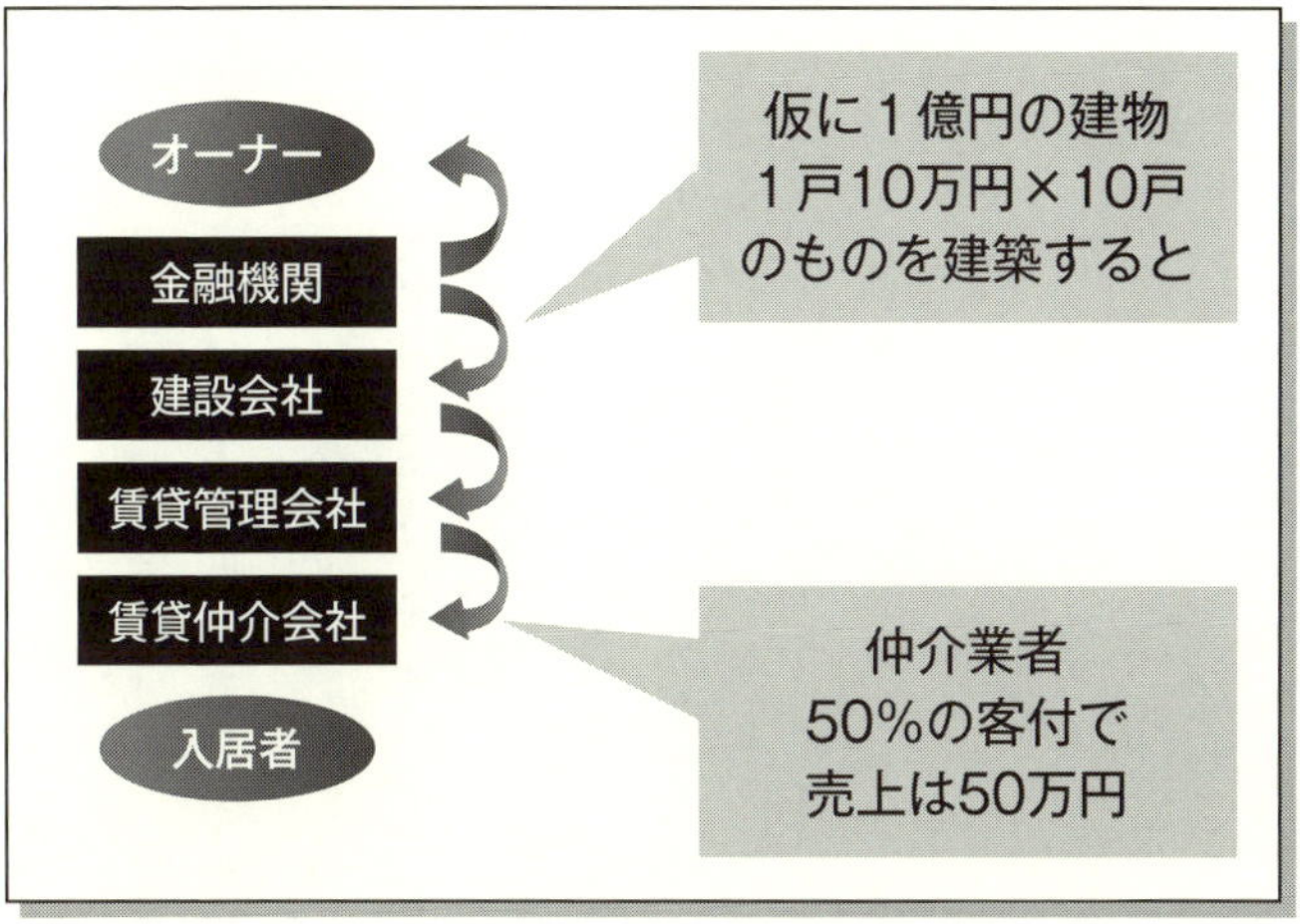

地元の不動産会社が半分くらい決められたとしても、売上はたったの50万円ということになる。

本書は、一般の人も読む可能性があるので付け加えるが、かような仕事で50万円の売上だったらよいのではないかと思われるかもしれないが、実際には利益が出ない。よく、不動産の仲介など、ほぼ原価が掛からないではないかと言う人がいるが、それは、とんでもない誤解である。

不動産仲介業には、広告宣伝費が重くのしかかるのである。

広告といっても、チラシ広告や一般的な新聞広告、情報誌といったものだけではない。通常に不動産業者に紹介するためのペーパー情報なども1物件、4000円から8000円くらい掛かる。

最近では情報誌に掲載するというよりインターネットの広告に掲載するわけだが、これも固定費制のものもあれば、1件いくらというのもある。そして、その物件が決まらなければ、再度、あるいは何度も同じコストをかけて広告を打つのだ。

したがって、私たちのように首都圏中心で事業を行っている企業ならまだしも、地方などの不動産で賃料が3万円や2万円の物件だと、仲介手数料は広告費でほとんどが飛んでしまうのが現実である。

また、最近では、仲介手数料では事業が成り立たないからといって貸主に対し、広告料を数か月分も請求する会社も増えてきている。

先日など、ある地方都市の3万円くらいの物件を決めてもらうのに6か月分、つまり18万円もの広告料を請求されて、しかたなく支払ったものの、2か月で入居者が退去してしまったなどという笑えない話も聞いた。

かような事例は極端かもしれないが、実際には、不動産賃貸仲介の業務は厳しい状況に陥っているのが現状である。

また昔ながらの大家さんのなかには、賃貸仲介をしてくれた業者を、管理業者と勘違いしているのか、入居者が賃料を滞納したり、近隣に迷惑をかけたりするトラブルまで、処理業務を無償で押し付けてきたりする。したがって、優秀な賃貸仲介業務の人材であればあるほど契約本数が増えるから、その無償の業務に押しつぶされて業界を去っていってしまう。

私が、前職の会社で、この賃貸管理のセクションを引き受けたときには、前記の悪循環が繰り返されており、優秀な社員ほど契約本数が多いわけだからクレーム処理の数も増え、早ければ半年、長くても2年くらいで辞めていってしまうという現象が続いていた。

「おたくの社員は、いつも長続きがしないね」などと、当時の大家さんたちから言われたが、私からみれば、それは当社の問題だけじゃなく、あなたたちにも問題があるからですよと言ってやりたい思いが強かった。

おまけに免許の事情もある。

私たち、不動産コンサルタント会社では、当然、宅地建物取引主任者の資格は必須だが、賃貸の仲介業務を行っている人たちの多くは、この宅地建物取引主任者資格をもっていない場合がある。その事情は、前記のように業務が忙しいということもあるのだが、会社、あるいは、その会社の経営者の考えで取得させないのである。最近はそうでもないとは思うが、不動産仲介業というのは、小資本、少人数で起業できたことから、この宅地建物取引主任者の資格を取れば自らの店舗の近くで独立されて顧客が奪われてしまわないかという憶測から、わざわざ社員に資格など取らせないという人たちが多かったからだ。

かような状況のなかで、果たして賃貸仲介の社員は給料が安く、労働時間は長く、クレーム処理に追われて休日も出勤し、資格も取れず、そして致命的なのは、クレームなどの処理に時間を費やしても売上に反映されることはなく、せっかくの仕事が評価されない。結局、離職率は高まり、常に人員不足に追われる羽目になる。

そんな状況をさして、先の「いまの不動産屋は馬鹿ばかり」という発言につながってしまったのである。

2. 収益構造の高いものは他の業界へ流れる仕組み

不動産の仲介料というのは、賃貸であれば賃料の1か月分。売買であれば、代金の額の3％＋6万円である。この代金の額の3％＋6万円というのは、200万円までの金額に対しては5％、200万円から400万円までの200万円に対しては4％、400万円を超えた部分が3％という計算から、400万円を超える不動産価格の場合、代金の額の3％＋6万円ということになる。そしてこの金額は、宅地建物取引業法に規定されている。消費税は8％、10％という時代なのに、である。

この法律は、昭和27年に制定された「規制法」であり、不動産業者でないものの不動産取引を規制し、不動産業者も不正な取引のないように規制する目的で制定されている。

確かに必要な法規ではあるが、すべての不動産業者を画一的に規制していることに問題がある。その従業者のスキルや経験に関係なく手数料が決められているため、努力をしている人も、そうでない人も、同じ手数料収入なのだから向上心が育まれない。すでに弁護士も税理士も、報酬規定などは撤廃されており、契約自由の原則で報酬を決めている時代なのに、である。さらに同法の規定では、現在でも、宅地建物取引主任者の資格があるものが1人いれば5人まで従業できることになっている。つまり、後の4人は無資格でもよいのである。

弁護士や税理士、公認会計士などの事務所の事務員は免許はいらないが、実務者は免許がいる。不動産業の場合、実務者も事務員も含めて5人に1人という規定だから、問題があるのである。したがって、かような業者を転々とする限りは資格はいらないから、なかなか、個人レベル、会社レベルでスキルが上がらない。結果、仕事が作業化してしまい、付加価値のある仕事ができないのである。

また不動産業者の仕事でスキルが上がってくると、隣接する業界との境界が問題になったりする。賃貸のトラブルなどの解決をするには弁護士法に抵触する可能性があるし、相続対策などを行っていれば税理士法に抵触する可能性が出てくるから、動ける範囲も狭い。

したがって、大家さんからみれば、一番身近な不動産業者であるにもかかわらず、結局は前記のとおり、金融機関からの提案を受け入れ、その提案のとおりのアパートやマンションの建築を行い、その下請けのような管理会社が管理を行うことになり、無謀な計画のマンションやアパートが全国各地で建築され続け、失敗を繰り返している。これによって空室物件は増え続け、大家さんも不動産仲介会社も苦労が多く、なかなか、もうからないのである。

3. 人材を育てる仕組みづくり

そこで、20年以上前になるが、私自身が考案した仕組みが次ページの図のとおりである。

当時、賃貸の仲介と賃貸管理を行っていたセクションを「プロパティマネジメント」部門として確立し、私たちのほうから正しい賃料相場と地域のニーズにあった物件を提案し、私たちが条件の良い金融機関と建設会社を選定するという方法である。

この方法は、いたってシンプルで理にかなっており、誰にでも理解がしやすい。そして地域のニーズにあった建物を建築するため、空室率も非常に低く抑えられるし、無駄な設備などで建設会社に過剰な費用も取られなくて済む。オーナーからしてみれば、素人の金融機関の提案などより、いつも賃貸の仲介や管理を行っている会社が言うことだから間違いもないし、責任の所在が明確となる。そして、建てないほうがよいときには、ちゃんと建てないほうがよいと言ってもらえるし、その裏付けのある理由も説明してもらえて安心である。

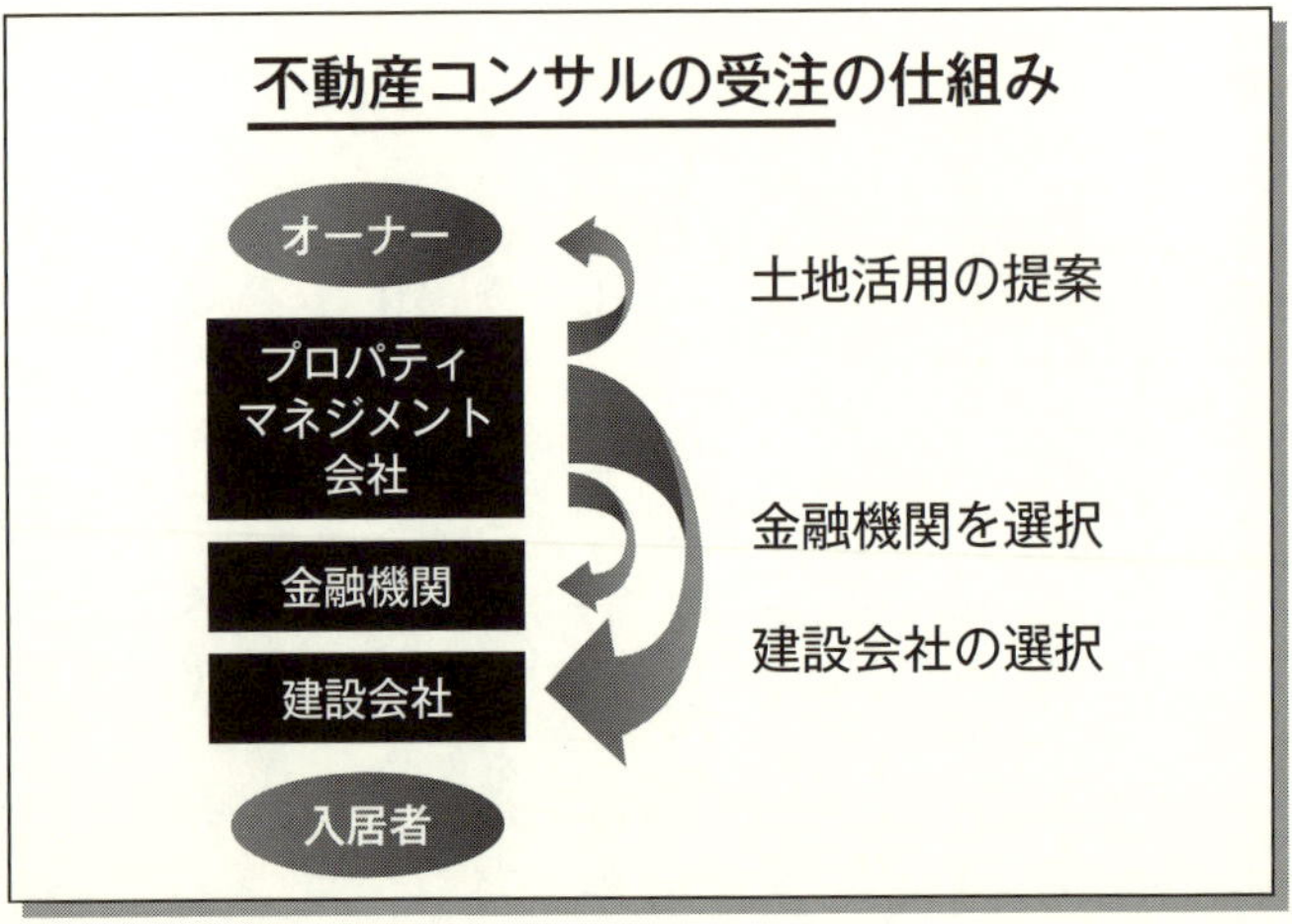

しかも私からみれば、収益構造が全く違うものになる。

オーナーからは、コンサルティングフィーとして建築費の１％を頂く。仮に１億円で賃料１室10万円の10戸のアパートを建築したとすると１００万円である。当時は、ハウスメーカーの提案書などを分析し、建築費は確実に下げることができたので、意外に、この１％は喜んで払ってもらえた。

次に、金融機関も貸出条件の良いところを私たちが探して決めるから、オーナーの負担も減ることになり、私たちも火災保険のあっせんができるようになった。当時、金融機関が火災保険会社と提携して独占的に火災保険をあっせんしていたから私たちのほうには火災保険加入の仕事は来なかったが、これも覆すことができた。木造で1億円くらいの建物だと、火災保険の代理店手数料は50万円くらいである。そして建設会社も私たちが決めるので、見積りを比べて条件の良い会社に発注する。場合によっては、競争入札して建設業者を決める。

建設業者を選定して見積りをする際、よく間違うのが、なんらの設計や標準仕様なども定めずに見積りを出すことである。建築とは、建築費が安ければよいというものではない。例えば基礎工事などでは、布基礎ではなく、防湿シートを敷いたうえで鉄筋入りのベタ基礎にしたほうが建物自体が長持ちするし、頑強となる。また、防湿シートなども様々な種類があるし、外壁材、屋根材、金物なども価格によって様々である。建物価格は、それらの総計で決まってくるから、材料を落として安くなったからといって、本来の意味での「安くなった」ということではないし、正しいプランであるとはいえない。さらに言わせてもらえば、坪当たり6000円くらいしか取れない場所で、坪当たり100万円もの建築費をかけては採算が取れないし、逆に坪当たり1万円取れるところで、坪当たり60万円の建物を建ててしまっては、近隣との格差が出て、賃貸物件としては競争力のないものとなってしまうのである。

私たちが介在することによって、様々な建物を取り扱ってきた経験を基に、人気のある間取りにするなど設計から携わり、建築部材や最低必要な仕様などを決めて見積り合わせをすることによって、安かろう悪かろうの建物にはしない。当然、オーナーであるクライアントから喜ばれながら、建設会社からも、当時は建築費の３％を紹介料として支払ってもらえた。建設会社も、営業経費が掛からないことで喜んでもらえる。そして建築した建物は私たちが賃貸管理を行うので、賃料収入の７％の管理料を頂いたうえで、仲介はほとんど自社で決めていたから仲介手数料が１００万円となる。当然、その建物については、私たちとオーナーとの利害が一致することになるし、愛着が違ってくるから仕事に対する姿勢も双方が変わってくる。さらに前述した賃貸の仲介業務だけだと、せいぜい50万円にしかならない仕事が、私たちが中心となって仕事をすることで、オーナーに喜ばれる仕事ができ、私たちも５５０万円ほどの収入になり、さらに賃貸管理の仕事も継続的に行うことができるのである。

現在、ＣＦネッツでは、これらの業務を基礎として不動産コンサルティングを行っているわけだが、当時は誰も思いもよらない事業形態だった。これらの事業形態を、私たちはプロパティマネジメントと呼ぶようになったのである。

前職の会社は、住宅販売の仲介会社だったせいもあり、賃貸仲介と賃貸管理部門は、売買仲介の仕事ができない人や新人でも使えない人たちの寄せ集め部隊で構成されていた。その社員のほとんどは、常にほかの仕事先を探しているか、仕事先が見つからず、仕方なく在籍している人間しかいなかった。しかし、このプロパティマネジメント事業というものに形態を変え、収益構造が出来上がってくると、やがて売買仲介の部署から転属を望むものまで出るようになった。

さらに、全社員に宅地建物取引主任者の資格取得を義務付けた。

最初は、私自身が勉強会と称して仕事が終わってから2時間くらい、わからないところなどを教えていたのだが、これにも限界が生じ、翌年からは合格率の高い学校を選定し、その費用を値切って1人当たり18万円にしてもらって会社で負担させた。試験に落ちたら自己負担となり、毎月1万5000円を給料から天引きされ、受かれば資格手当ての月額3万円がつくという「天国と地獄」制度を導入して合格者を増やした。

さらに、金融計算なども教えた。

現在、CFネッツでは、ヒューレットパッカード社製の10BⅡという金融電卓を使って

ヒューレットパッカード社製の10BⅡ

いるが、当時はまったく普及しておらず、カシオ社製のポケットコンピューター「PB100」「PB120」などにプログラムを入れて活用した。

当時の不動産業者は「償還金テーブル」という分厚い本に掲載された表に基づいて、普通の電卓で計算していたが、間違いがあったり、計算に時間がかかった。

しかし、この金融計算のできるポケットコンピューターの活用によって、かなりの業務改善ができたし、顧客から見た「専門性」なども向上したように思う。さらに支払返済可能額から逆算して借入額が計算できたため、飛躍的に計画が立てやすくなったばかりか、営業力も当然に向上した。

その後、東芝製のリブレットシリーズという現在のノートパソコンのような携帯型のパソコンが出てからは、このパソコンを持ち運んでオーナーにプレゼンテーションをするというように進化した。その頃にそんなことのできる不動産業者やハウスメーカーは皆無だったから、仕事も取れたし、社員も向上心が湧いてきた。

現在のＣＦネッツでも、管理ソフトウェアなどは毎年進化しているし、先鋭的な機械を活用するようにしている。人材のスキルを上げるには、環境のスキルも上げなければ、相乗効果は期待できない。

そういったこともあり、当時、最先端なプロパティマネジメント事業が立ち上げられたのかもしれない。

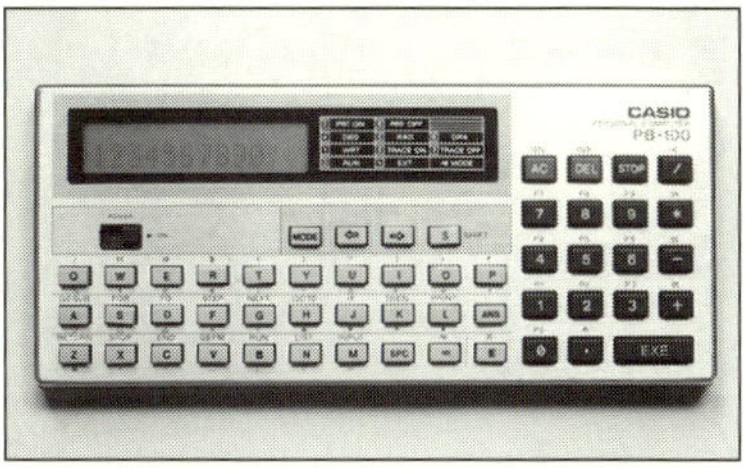

カシオ社製のポケットコンピューターＰＢ100
当時は画期的だった

東芝製のリブレットシリーズ

4. 賃貸仲介と賃貸管理の業務を分けること

当時、賃貸仲介業務は、不当な家主によって人材が育たないばかりか、売上が伸びないということは前述した。

例えば、賃貸の仲介で入居者をあっせんしたとする。そして、その入居者が賃料を支払わないとすると、その家主は、本来なら入居者に連絡を取るべきなのに、仲介会社に電話をする。

「おたくで入れた入居者の○○さんが賃料を払わない」などと苦情のように電話をかけてくる。すると、

「そうですか。大変申し訳ありません」などと、不動産の仲介会社の社員は、自分が賃料を滞納しているわけでもないのに謝ってしまう。それからしかたなく仲介会社の社員は、その入居者に連絡を取って賃料の支払の約束をとりつけ、家主に連絡をする。

そこまでは仕方がないにしても、その約束を入居者が反故にすると、「あなた、〇日に支払うって言ったじゃない」などということを、家主が血相を変えて仲介会社の社員に電話してきたりする。

そこで、また、仲介会社の社員である。

「大変申し訳ありません」などと謝ってしまうのである。

笑い話のようだが、実際に当時は普通に行われていたし、現実的に、地方などでは、今でも起こっているのではないかと思う。

また、その会社の経営者が不動産の仲介という本来の仕事について理解していないと、経営者までも一緒になって担当者に処理を進めるように指示してしまうから、担当者はたまったものではない。当然、かような仕事が増え続ければ、結局、その担当者は馬鹿馬鹿しいから会社を辞めていってしまうし、この業界から離れて行ってしまうのである。

では、私の場合はどうしたか。

「おたくで入れた入居者の〇〇さんが賃料を払わない」と同様に言ってきた場合。

「残念ですが、この物件は管理物件ではないので、大家さんから直接電話して督促してもらうしかありません」という。

そんな、無責任な、と思われるかもしれないが、そもそも賃料の督促手続きを不動産の仲介会社が行うとすれば、弁護士法に触れるのである。

さすがに、当時、まだこの考え方が定着していなかったときには、一度は入居者に電話するくらいのサービスを行ったが、それでも賃料の入金がない場合は、申し出て賃貸管理を任せてもらうようにする。実際、そうしないと動けないのである。

この仕組みを徹底することで、賃貸仲介の社員は奴隷のような仕事から解放され、賃貸管理部門では仕事が増え続けた。

ただし、この仕組みを定着させるには、様々な波紋があった。

あるオーナーから苦情が入り、「他の会社では従来どおり賃料の督促や苦情の処理をしてくれているのに、なんで急にやらなくなったのか、それなら、今後一切、おたくには賃貸の仲介を任せない」という話だった。

これには全社的に動揺が走り、私のやり方は間違っているとの批判が高まったが、「私の思うようにできないなら、私のほうが会社を辞めるだけだ」と突っぱねた。

結果的に、多くの不当な家主は去っていったが、常識的なビジネスが理解できる人たちは賃貸管理部門の顧客となり、社内には収益構造ができ、社員の離職率は大きく改善し、人材教育にも力を入れ、大卒の新規採用者も増やすことができた。

また、賃貸の仲介と賃貸管理を分けることで、入居審査という業務を設けることができ、不当な入居者を排除することができるようになった。

私が、当時、この事業部の責任者を引き受けたときには、賃料の滞納だけではなく、契約違反や近隣トラブルなどの処理が多く、よくもまあ、こんな入居者を入れたなあという事例も多かった。その原因は、賃貸仲介会社は歩合制の会社が多いなか、前職の会社は固定給制であり、素人のような社員が担当していたから、ほとんど入居者の審査などしないで、外部の賃貸仲介会社の言いなりに契約してしまっていた。年収も勤め先も虚偽。調べてみると、前の住居もなんらかのトラブルで出されてしまった人が入居していたりする。ひどいのになると、外部の賃貸仲介会社が自社で手におえない入居者を、入居者と一緒になって虚偽の申告をして入居させてくるケースまであった。

これでは、いくら社員がいても業績は上がらないし、不毛なトラブル処理で時間ばかり費やすことになる。

そこで、賃貸管理部門に「入居審査」という制度を設けて、怪しい入居者は入れないようにし、さらに「建物賃貸借契約書」の条文を研究して、万一、入居した後に虚偽の事項が発覚したときには契約が解除できるようにしたのである。

今では、常識のように思うかもしれないが、当時は、そんなことをする会社はなかった。建物賃貸借契約書は、宅地建物取引業協会で販売されていたたった1枚の紙でできており、賃料の滞納で契約を解除することくらいはできるが、契約違反を指摘して裁判で争うような場合、なんの役にも立たないものを使っていたのである。実際、訴訟などの経験はなく、通常の業務では必要ないと思っていたのか、ほとんどの仲介会社は、この役にも立たない契約書を利用していた。したがってトラブルが生じた際には、まともに処理など進まないから非効率的な業務のために多くの時間がとられたりすることになる。こんなことをしていては、いつまでたっても、仕事をすればするだけトラブルがつきまとうし、クライアントの信用は得られないし、そもそも不動産業全体のスキルも社会的地位も向上しないと、私は考えるようになった。

5. 賃貸仲介と賃貸管理に必要な契約書の開発

そこで手掛けたのが、建物賃貸借契約書の開発である。

ポイントとしては、契約違反による契約解除ができる様式にすること、そして「入居審査」の基準を設け、その基準を満たさないと契約せず、さらに契約した後でも、契約違反は契約違反と指摘できるようにしたのである。

まずは、入居審査の徹底である。

「入居審査」を徹底しないと、「クレーム（滞納等）」や「トラブル」が増えてしまうばかりである。この「入居審査」を徹底することによって、その数を極端に減らすことができる。

例えば、マニュアルなどにより、基準を次のように定める。

(A)「入居審査」は「管理担当者」が複数で行い、その場では、絶対に「結論」を出さないことを徹底させること。

※「不良入居者」に対して断りやすい場を設ける。

(B)「入居申込書」は、後日「契約書」に添付し、万一、記載事項に不実が発覚した場合、契約は解除される、ということを申込人に説明する。

※仮に「虚偽」を記載して「申込み」をしようとする人等は、この時点で「申込み」を躊躇する。

(C) オーナーと借主が直接交渉した場合であっても、同一の審査を行う。

(D) おおむね年収400万円未満の人は、年間支払賃料を年収の30%以下、400万円以上の人は35%以下を基準とする。

(E) 引っ越す理由に不自然な点はないか、確認する。

1. 入居理由欄

いちばん重要な記入欄であることを認識して対応する。

誘導的な記入ではなく、自主的に詳細を書いてもらう。

記入した後、入居理由に矛盾がないかを慎重に聞き込む。

例）通勤に不便と書いて、勤務先からさらに遠い場所に移る場合など。

矛盾を発見して相手方が言い訳をするような場合は、書き直さずに二重線などで消して訂正する。

※審査する側に後でわかりやすくするため

2．物件の表示欄

(1) 物件の表示欄はすべて書き込み、所在地は住居表示を記入する。

(2) 賃貸期間の限定がある場合、契約書式が違うので注意する（定期借家契約）。

(3) 敷金、礼金のほか、町内会費などの徴収があれば、これも書き込んでおく。

3．保証金欄

店舗、事務所の場合はこれを記入し、償却の割合は必ず記入する。

4．申込人の内容欄

(1) すべての内容を必ず記入する。
(2) 携帯電話を持っている人は、その番号も欄外に記入する。
(3) 年間賃料が年収の30%を超える場合、支払原資を確認する。
(4) 現在の住居欄は、賃貸の場合は現賃料を必ず記入する。

5. 同居者記入欄

(1) 同居者氏名はフルネームで記入する。
(2) 年齢欄はもちろん、続柄、勤務先、収入を記入する。
(3) 続柄が不明瞭なときは、事情を聞いてコメントを記入する。

6. 連帯保証人欄

(1) 必要事項は全部記入する（特にフリガナも忘れずに！）。
(2) 連帯保証人の要件を注意事項と照らし合わせて記入し、誘導的に、要件を満たす人を立てる。

(3) 現在の住居が「所有」と記載の場合、地図で確認する。
(4) 契約者が若年者の場合、30歳程度以上の人を立てる。
(5) 原則として、契約者本人より年収の高い人を立てる。
(6) 記入に際して不明な点があればその場で電話してもらうか、「こちらから確認します」と言って、直接本人の意思を確認できるチャンスをつくる。
(7) 連帯保証人が立てられない場合、「保証会社」を利用する。
(8) 婚約者同志の入居には、婚約者両名の親を連帯保証人とする。

などの実務面でのマニュアルにそって、入居申込書には次のような書式を活用すると、意外にトラブル処理などもしやすくなる。

この申込書の「お申込みに関する注意事項」には、

1. 本書をもって、貸主は契約の締結を検討させていただきます。ただし、入居者条件に適さない場合、お断りさせていただくことがあります。
2. 本書に虚偽の事項を記載した場合、契約をお断りすることはもちろん、契約後について

賃貸借契約申込書(個人用)

年　月　日　私は下記物件を契約することを前提に申込み致します。また、本書記載事項について相違のないことを保証いたします。

物件	名称			階　号室	入居希望日　月　日	
	賃料　円	共益費　円		その他　円	敷金	礼金
駐車場	No.	車種	賃料　円	Tax　円	敷金	礼金

お申し込みに関する注意事項／本書作成時、必ずお読みください。

1. 本書をもって貸主は契約の締結を検討させていただきます。ただし入居者条件に適さない場合、お断りさせていただくことがあります。
2. 本書に虚偽の事項を記載した場合、契約をお断りすることはもちろん、契約後についてもその虚偽事項が発覚した場合、契約を解除させていただきます。
3. 連帯保証人は次の要件を満たす方でお願いいたします。
　(1) 原則として身内の方(該当者のない場合それに準ずる方)で、本人と同等か、それ以上の収入がある方。
　(2) 近県在住の方。

入居を希望する理由

契約者	フリガナ／氏名		男・女	19　年　月　日生　満　歳		
	住所		本籍	Tel		
	現住居形態	賃貸・社宅・親元・自己所有・その他(　)	国籍	Fax		
	E-mail			携帯		
	勤務先等		所属	役職		
	所在地			Tel		
	ホームページ	http://		Fax		
	業務内容	(詳しく)	(主な取引先)			
	資本金　万円	年商　万円	設立　年　月	社員数　名	勤続　年	年収　万円

	氏名	生年月日	続柄	勤務先(学校)等	Tel	業務内容	年収
入居者		・　・					万円
		・　・					万円
		・　・					万円
		・　・					万円

連帯保	フリガナ／氏名		続柄	男・女	19　年　月　日生　満　歳
	住所			本籍	Tel
	現住居形態	賃貸・社宅・親元・自己所有・その他(　)		国籍	Fax
	E-mail				携帯

もその虚偽事項が発覚した場合、契約を解除させていただきます。

　という内容が書かれており、さらに契約をする際には、本書を契約書に添付して袋とじにする。

　すると、どういう効果が生まれるか。

　この入居申込書は契約書の一部であり、万一、この申込書に虚偽の内容が記載されていた場合は、それを理由に契約解除ができるようにしているのである。

　ちょっとしたことだが、これも効果があった。

　当時、周囲の不動産会社は、契約書と入居申込書は別のものと考え、契約時点では、この入居申込書は処分されたりして、保管されることすらなかった。したがって、入居申込書に虚偽を記載して入居したとしても、契約を解除することは難しかった。しかし、この書式にした途端、申込書を書いても、契約前にキャンセルする人が続出し、不当に入居しようとしていた人たちは、契約に至らないようになったし、仮に契約になっても、虚偽の事項を記載して入居した人たちに対しては、契約解除がしやすくなった。

例えば、こんなことがあった。

前職の会社でいつも賃貸物件を借りてくれる自動車販売会社の社長が、新入社員を連れて賃貸物件を借りに来た。ただ新入社員といっても、まだ入社したわけではなく、遠方から出てきた中途採用予定の人だった。最初は社長も一緒に来社したが、後日、その人が単独で来社し、ある物件に決めることにした。その日、入居申込書を書いて帰って行ったのだが、本来は契約書を渡し、記名押印をしてもらってから物件の引渡しをするところを、担当者は、いつも借りてもらっている会社の社員ということで信用し、契約書を回収する前に、その物件の引渡しをしてしまったのだ。

契約に必要な費用は支払われ、賃料も最初の1か月分は入金されたが、その後、入金がされなかったため、その会社の社長に問い合わせると、なんと、その人の素行を調べたところ、ちょっとした前科があったため、採用はしなかったということだった。

通常、このような場合、建物の引渡しと賃料の受領によって、建物賃貸借契約は成立することになる。契約書がなくても、この建物賃貸借契約は有効であり、民法と借地借家法の規定が適用される。そこで、やっかいなのは民法の規定では、賃料は「その月分は、その月末までに持参して支払う」ものであり、通常契約のように、前月末に支払わなくても賃料の滞納にはならないことである。したがって、契約を解除するためには、その入居者が相応の賃料の滞納をするのを待つしかない。そのうえで、契約解除通知を出して建物明渡訴訟を提起したところで、その後、判決、そして強制執行が終わるまでには、10か月以上かかってしまう。さらにやっかいなのは、連帯保証人のない契約であるから、その滞納賃料は回収できない可能性が高い。

そこで活躍したのが、この入居申込書である。そこには「本書に虚偽の事項を記載した場合、契約をお断りすることはもちろん、契約後についてもその虚偽事項が発覚した場合、契約を解除させていただきます」と書かれている。契約後というのは、かような契約書がない場合であっても、法定契約が成立しているのであるから、この文書は有効である。申込書には、勤め先として自動車販売会社が書かれており、実質、入社していないのであるから、記載された事項は虚偽である。これをもとに契約解除の手続きを行い、交渉の結果、契約の解除を認めさせ、本物件から退去してもらった。

実際、賃貸業務の現場では、このようなことは日常的に起こっている。しかし、この入居申込書などが整備されていないとすれば、先に述べたとおり、処理の能力は格段に下がる。また実損も生じたりするから、場合によっては、貸主から損害賠償を求められたりする。前述のような場合、賃貸の仲介業務といえども、契約書のやり取りもないまま建物の引渡しをしてしまう行為は、当然、業者の過失も追及され得ることになる。したがって、賃貸の契約というのは、契約行為自体を慎重に行うことで、後々のトラブルを回避できるといっても過言ではなく、ここを改善することで大きく業務の効率が変わってくるのである。

さらに言わせてもらえば、契約の当日には「入居申込書」の記載内容の変更は一切認めないことも大切だ。

契約の当日に連帯保証人を変更したり、「法人契約」を「個人契約」に変更したい、などと言ってくる人がいるが、この場合は入居審査からやり直すことにし、その日には「契約」は絶対にしないようにする。

もちろん、契約前になんらかの事情があって変更するということであれば、相談にものって契約に向けて話を進めることもできるが、契約当日に変更すること自体は不自然である。

契約当日に契約を断るということは、いろいろな面でロスはあるが、契約して物件を明け渡してしまってからトラブルが発生して、その処理に使う労力を考えれば、ここで断るくらいの勇気も必要である。

いずれにしても、プロパティマネジメントにおいては、当然、その物件の稼働率を上げることは重要であるが、その物件の価値を損なうような入居者を入れないというのも重要な仕事である。仕事の効率を考えても、前述のような入居審査の仕組みは重要なのである。

6. 建物賃貸借契約書と強行法規

ちょっと実務的な話になり、読み物としては面白くはないかもしれないが、プロパティマネジメント業務として重要であるので、建物賃貸借契約書の話をしておく。

先に述べたように、入居申込みや入居審査で入居者、賃借人を選別することは重要であるが、契約してしまった後、契約違反に対する措置を行う際には、建物賃貸借契約書は非常に重要である。

意外に知られていないのは、この建物賃貸借契約書というのは、すべて特約であるということだ。先にも述べたが、本来、建物賃貸借契約は、契約書がなくても有効であり、契約書がなくても民法の賃貸借は成立する。民法第601条の規定では「賃貸借は、当事者の一方がある物の使用及び収益を相手方にさせることを約し、相手方がこれに対してその賃料を支払うことを約することによって、その効力を生ずる」とされており、同法第484条では「弁済をすべき場所について別段の意思表示がないときは、特定物の引渡しは債権発生の時にその物が存在した場所において、その他の弁済は債権者の現在の住所において、それぞれしなければならない」とされ、同法第614条には「賃料は、動産、建物及び宅地については毎月末に、その他の土地については毎年末に、支払わなければならない」と賃料の支払時期が明記されている。

つまり、建物賃貸借契約書がなくても建物の引渡しを受け、賃料を毎月末日までにその月の分を貸主に届けてさえいれば建物賃貸借契約は成立するから、このような形態で構わなければ何も契約書の作成など必要がない。

ただ、これだと面倒なので、賃料の支払いは前月の末日までに当月分を銀行の口座に振り込んで支払ってくださいと規定するから、その期日に支払いがない場合、契約違反となるのである。

つまり、この民法の規定とは別に、当事者同士で取り決めるものを「特約」といい、この特約は原則的に有効である。ただ、ここでやっかいなのは、強行法規というものがあることだ。民法の規定やこの特約条項に優先する法規のことだが、不動産の賃貸借については借地借家法という法律がある。

借地借家法の立法趣旨は、土地や建物の賃借人の保護を目的としているため、根源的な部分において、借主に不利な特約は無効となる。

例えば契約期限を決めて契約したとしても、その契約期限が満了したからといって契約を終了することはできないし、解約予告期限を定めて予告期限に通知をしたからといっても単純に契約の解除などできない。当社の契約書には、

第4条（期間内解約）

1．賃貸借期間内であっても甲は6か月前に、乙は1か月前に文書による予告をもってそれぞれ相手方に対し本契約の解約を申し入れることができます。この場合、予告期間の満了と同時に本契約は終了します。ただし、乙は前記予告に替え1か月分の賃料相当額を支払って即時解約することもできます。

2．本条1項に基づく解約の申入れは、それぞれ相手方の承諾なくして撤回または、取り消すことはできません。

と書かれている。甲というのは貸主、乙というのは借主だが、つまり貸主からは6か月前、借主からは1か月前に解約の予告をすれば契約の解除ができると書いてあるわけだ。しかし、借主からは契約解除ができるが、残念ながら貸主からは、そう簡単には解除などできない。貸主から契約を解除する場合、「正当事由」というのが必要であり、6か月から1年前に契約解除の意思表示をし、その契約解除の日に借主が契約解除に応じない場合は「遅滞なく異

議」を述べなければならず、そこには、この「正当事由」というものが必要となる。この正当事由というものは貸主側が正当と思える相当な理由、つまりそこに住まなければ経済的に極めて困窮するとかの理由であって、たまたま転勤が終了するから帰ってくるなどの理由では認められることはない。そして借主側も、別にそこに住み続けなくてもよいような理由があればよいが、これも借主側が認めなければ契約解除は成立しない。

じゃあ書かなければよいのではないかと思われるだろうが、この条項を入れておくことによって、借主が解約に応じてくれれば「合意解約」が成立することになるから、入れておかないより入れておいたほうがよいのである。

この法律的な見解というのは、一般人には非常に理解しがたいものである。

最近では貸主も勉強していて理解してもらいやすいが、この理屈がわからない人もいる。住宅ローンの支払いが大変だからと、転勤期間や、あるいは親と同居したりしている期間は、とりあえず人に貸しておいたが、その物件に今度は自分たちが住みたいから入居者を退去させようと考え、この解約を申し出る。私たちが、この法律解釈を説明すると、

「ここにちゃんと6か月前に予告をすれば、契約が解除できるって書いてあるじゃないの」

「この契約書は、あなたたちが作ったんだから、責任もって借主を退去させなさいよ」などと言ってきたりする。実際、馬鹿馬鹿しい話だが、意外にかような人たちは存在するから、不動産業は大変なのだ。

また、以前、こんなこともあった。

ある大家さんが古いアパートを持っており、近々、建替えの時期が迫っていて、空き部屋を賃貸に出さずにいた。ところが、このアパートを管理していた不動産会社に若い女性がやってきて、「この部屋を借りたい」と申し出てきた。当然、不動産会社は「近々建て替えるつもりだから貸せない」と言って説明したが、「古いのは承知だし、建て替えるときには無条件で退去するから」と言うので、この大家さんに打診してきたという。かくして、この大家さん、「そこまで言うなら」と建替えまでの期間、通常の賃料より安く貸してしまった。

通常、私たちなら「一時使用目的」の賃貸借か、最近では「定期借家契約」というのがあるから、万一、もめたときには「契約が解除できる」方式の契約を選択するのであるが、この不動産会社では知識が足りなかったのか、普通の建物賃貸借契約書に「特約」として「本物件は建替え予定があるため、その期間のみの賃貸借とし、建替えの日が決まり次第、本契約は解除され、借主は無条件で本物件を明け渡すものとする」というような文章を入れて契約してしまった。

さて、普通なら常識的に考えて、この契約は貸主と借主双方合意のうえで確認をして契約したはずだから、本物件を建て替える時期が決まり、本物件を取り壊す期日が決まって借主に申し出れば、借主は円満に出ていくと考えるべきだが、法律的には、この特約は無効なのである。借主が「嫌だ」と言えば、契約解除はできない。多分、この女性は、この法律を熟知したうえでの行動であり、契約解除を申し出た途端、「私は絶対に立ち退きません」ときっぱりと言ったそうだ。

このアパートは時間をかけて入居者を退去させてきていて、10所帯中8所帯の立ち退きはすべて終わっており、この女性を入れなければ、あと1所帯の立ち退きで建替えができたのに余計なことをしてしまったものである。

結局、その不動産会社では解決ができずに、この大家さんが私のところに相談にやってきた。調べてみると、この女性、前の住所のアパートも立ち退きに迫られ、立ち退き料をもらって引っ越してきていた。そのときにこの借地借家法を学んだのだろう。この法律を逆手にとって、今回のアパートを借りたのだろうことは想像がついた。

彼女は、この大家さんと不動産会社からの話し合いには「絶対に立ち退かない」と言っていたのであるが、私が直接話をした際に、

「これは裁判になった際、状況からみて明らかに不法行為になるんじゃないかな。確かに借地借家法では保護され得るし、特約も無効であることはわかるけど、法律は不法行為まで保護しない。後は実際に裁判になって、裁判官の心証でどうなるかわからないけどね」というような話をし、さらに「例えば、貸主の状況を知ったうえで、このような妨害のような行為をしていたと判断されれば、場合によっては、損害賠償の請求もされるかもしれない」ということも付け加えた。

実際、これは裁判で争ってみないとわからないが、彼女の行為は、私自身、道徳的にも倫理的にも許せないところがあったから、一度、法廷で判断させたほうがよいとも考えていた。

ところが、一転、彼女は言った。

「別に、裁判が目的じゃないわよ」と言い、「200万円で手を打つわ」と言った。

確かに、この200万円は、このアパートの立ち退き料としては妥当な金額だと思った。

実は、立ち退き料の算出というのは、様々な算出方法があるのだが、通常、その「土地」の価値によって、その建物の借家権を算出することが多い。「建物」の価値でもなければ、そこに住んでいた権利でもないから、長く住んでいようが、昨日から住んだ人だろうが権利は一定に評価されることが多い。したがって、このアパートの敷地の価値を踏まえると、彼女の言う金額は、決して的外れの金額ではないのである。これも、誰かと相談した結果なのだろう。

当時、このアパートの賃料は6万5000円くらいが相場であり、建て替えるまでの間ということを条件にして5万5000円で貸して1年間。つまり彼女は計12万円も安く住むことができ、その支払った賃料の総額は66万円である。そのうえで立ち退き料を200万円も請求するのだから、凄い神経の持ち主である。

本書をご覧の人は、絶対に、真似しようなどと思わないでいただきたい。私たちからすれば、いちいち、面倒なのである。

結局、交渉は決裂し、あとはどこまで互いに譲歩できるのかというところまできたのであるが、こちらとしては顧問弁護士に依頼し、とりあえず訴訟の手続きを進めながら交渉することにした。

このような場合、交渉をした結果、やっぱり駄目だとなると、そこから訴訟手続きをすることになり、時間的なロスが生じる。また、かような相手の場合、訴訟手続きが進行するという現実を認知させることで交渉がしやすくなる場合が多い。単純な立ち退き交渉の場合は、建物からの立ち退きをお願いするというベースで交渉を進めざるを得ないのであるが、彼女の場合は、損害賠償もあり得るという話をしてあるから、結果がどうなるのかというより、とっとと立ち退き料をもらって退去したほうが得策だと考えるのが普通だ。

結局、彼女のほうも代理人を立てて話し合い、当方が120万円を支払って立ち退いてもらった。

立ち退きが完了し、和解金の120万円を受け取った彼女は、

「もう賃貸はこりごり」と笑みを浮かべ、「お陰さまで、マンションを買ったわ」と言った。

7. 建物賃貸借契約書にないものは契約違反といえない

またも、引き続き条文解釈にお付き合いいただきたい。

特に建物賃貸借に携わる人間は、契約書の条文が書ける程度のスキルは必要だし、条文の解釈ができないと一人前とはいえない。

先に、契約書は特約だということを述べた。また、特約に定めのないものは民法に照らし合わせて判断し、かつ、強行法規である借地借家法の規定で判断することを理解していただいた。すると、当然の疑問であるが、建物賃貸借において「契約違反」とは、何をもって「契約違反」とするのかである。単純に賃料の滞納であれば、明らかに契約違反になるから、どの角度からみても契約解除や滞納賃料の支払請求ができる。しかし、例えば共同住宅ではペットを飼ってはいけないし、もし飼いたいなら大家さんの許可が必要だと考えるのが普通である。ところが、実際、無断で飼っていた場合、これを契約違反としてペットの飼育をやめさせる、あるいは契約解除ができるかといえば難しいのが現状である。人によっては、ペットなどと指摘すると「失礼ね。○○ちゃんは家族よ！」などと言う人もいる。

同様に、タバコを吸ったり、古い石油ストーブを使ってクロスや壁などが傷んだといって借主に修復を請求しようとしても、契約書に禁止事項として記載してなければ、請求の根拠すらないのが法律の世界である。

したがって、後々、もめないための契約書の条文を考える必要がある。

当社の場合、建物賃貸借契約書の中に、

第14条（禁止行為）

乙は、次の行為を絶対にしてはいけません。

①本物件の一部、または全部を、第三者に対し転貸し、本契約に基づく賃借権の譲渡、あるいは占有の移転をすること。

②本物件を共同で使用すること、または第三者を同居させること。

③本物件を住居以外に使用すること。

④本物件、および、敷地内において犬、猫、鳥類、その他動物等を飼育すること。

⑤近隣、および他の賃借人に危険、または迷惑となる行為をすること。

（麻雀、楽器の演奏、騒音等も含む）

⑥本物件内での賭博行為、薬物使用等、その他一切の違法行為をすること。

⑦あらかじめ甲の承諾なく、本物件に対する修理、改造、模様替え等、その他、間仕切の変更、諸設備の新設、附加、除去、変更等、原状を変更する一切の行為をすること。

⑧風紀衛生上問題となりうる行為をすること。

⑨金庫その他重量物、大量の薬品等危険物の本物件内への搬入、貯蔵をすること。

⑩釘打ちその他、汚損する行為をすること。

⑪本件敷地、駐車場を他に貸与すること。

⑫本物件の内外に看板、掲示板、広告等を設置すること。

⑬本物件内に、みだりに入居者以外の多数の者を出入りさせること。

⑭本契約以外に使用規定等があるときは、その規定に反する行為をすること。

⑮本物件が団地、あるいは自治会等に属する場合、その規則に反する行為をすること。

という条文が入っており、仮に喫煙を禁止したり、石油ストーブの使用を制限したりする場合は、当然特約条項として記載しておくようにしている。ただ、特殊なケースの場合は、その物件の募集情報の中に明記しておかなければならないので、入居募集に影響があるため、なるべく特殊なケースは作らないようにしているが、それでも大家さんが希望する場合は、当然、特約として定める。

また、連動して、

第16条（契約の解除、および消滅）

1．乙が、つぎの事項の一に該当する場合、甲は、乙に対して何ら通知催告を要せずして、即時本契約を解除することができます。この場合、甲が損害を受けたときは、甲は、乙に対して、その損害賠償を請求できます。

①入居申込書に虚偽の事項を記載し、または不正な手段によって入居したとき。

②第3条に定める賃料、共益費、駐車料等、あるいは第5条に定める諸費用等の負担を、1か月以上遅滞したとき。

③賃料、または共益費、あるいは駐車料等の支払いがしばしば遅滞したときや、更新時、更新料を支払わないなど、甲乙間の信頼関係を害するものと甲が認めたとき。

④第9条の定めに違反して、甲の書面による承諾なくして入居者を変更増員したとき。
⑤第14条（禁止行為）の一に違反したとき。
⑥乙が1か月以上不在であり、賃借する意思がないものと甲が認めたとき。
⑦共同生活の秩序をみだすと甲が認めたとき。
⑧契約後、入居者が暴力団関係者であると甲が判断したとき。
⑨違法な薬物使用や、その容疑、その他の犯罪的行為やその容疑等によって、警察の強制捜査などが行われたとき。
⑩乙、または入居者が仮差押え、仮処分、強制執行等を受け、あるいは破産宣告、銀行取引の停止処分等を受けたとき。
⑪その他本契約に違反したとき。

2. 天災地変、火災等、その他、不可抗力のため本物件が通常の用に供することができなくなったとき、または将来都市計画等により収用、もしくは使用を制限され、本契約を継続することができなくなったときは、当然、本契約は消滅するものとします。

3. 賃貸借期間の満了、解約、契約の解除等、本契約が終了した時、乙は、ただちに本物件を原状に回復し、無条件で明け渡さなければなりません。この時、乙は、甲に対し、立ち退き料、損害賠償その他名目のいかんにかかわらず、一切の請求をしないものとします。

4. 前項の場合、乙、および本物件使用者が、甲に対し本物件の明渡しを怠ったときは、乙は、契約終了時の賃料の倍額に相当する損害金を明渡しにいたるまでに甲に対し支払うものとします。

と、契約解除の条項と連動させている。つまり、禁止条項の一つに違反したときは、契約解除ができるようにしているのである。

ちなみに「①入居申込書に虚偽の事項を記載し、または不正な手段によって入居したとき」という項目も入っており、前述したように入居申込書とも連動させ、入居申込書に虚偽事項が記載されていた場合は、契約解除ができるようにしている。

また「前項の場合、乙、および本物件使用者が、甲に対し本物件の明渡しを怠ったときは、乙は、契約終了時の賃料の倍額に相当する損害金を明渡しにいたるまでに甲に対し支払うものとします」とあるのは、万一、契約が解除されたにもかかわらず、本物件を明け渡さない場合の措置を「賃料の倍額」というペナルティを設けて明記してあり、契約違反者に対して契約解除や立ち退きを求める際に、交渉をしやすくするようにしている。ぜひ、参考にしていただきたい。

8. 原状回復でもめないための確認事項

建物賃貸借契約では、前述したような入居者の問題や契約履行時の問題があり、それらを回避するための契約書の内容について述べてきたが、そのほかのトラブルで意外に多いのは、原状回復の問題点である。

「入居したときから、こうなっていた」と言われてしまうと、証拠を基に争うことになるのだが、証拠がなければ争えない。

「いや、契約時点ではこうはなっていなかった」と言ったところで、写真があるわけでもないので証明できない。

では、写真があったからといって、それを証拠にできるかといえば、「確かに、この写真には傷がないが、私が入居したときには、この傷はあったと思います」と言われてしまえば、では誰がこの傷をつけたのかとの犯人探しをしたところで、すべて憶測の範囲でしかなく、状況的には入居者が傷つけたはずだが、いちいち、これらを法廷で争っていてはコストが莫大に掛かってしまう。

そこで、私が考案したのが「付帯設備表」の確認項目である。

ここには、

1. 本契約締結時の付帯設備表を次のとおり定め、借主（乙）は、入居後速やかに付帯設備の確認を行うものとします。

2. 前項の付帯設備について、借主（乙）が本契約締結日より10日以内に異議を申し立てた場合、貸主（甲）は、本付帯設備を確認の上、本書を改訂するものとし、異議なき場合は、借主（乙）は下記付帯設備を承認したものとする。

と明確に書いている。

本契約物件付帯設備表

1．本契約締結時の付帯設備表を下記の通り定め、借主（乙）は、入居後すみやかに付帯設備の確認を行うものとします。
2．前項の付帯設備について、借主（乙）が本契約締結日より１０日以内に異議を申し立てた場合、貸主（甲）は、本付帯設備を確認の上、本書を改訂するものとし、異議なき場合は、借主（乙）は下記付帯設備を承認したものとする。
3．本付帯設備に基づく設備の経年変化、耐用年限等による不可抗力により生じた故障等の修理費用は原則として貸主（甲）の負担とする。ただし、乙の故意過失により生じた故障、または甲の承諾を得ずに行った修理等については、乙の負担とする。

	設備名称	付帯の有無	設備の状況等
居室設備	照明器具	付（　台）・無	
	冷暖房機	付（　台）・無	
	冷房機	付（　台）・無	
	暖房機	付（　台）・無	
水回り設備	風呂一式	付・無	
	給湯機（ガス・電気・バランス釜）	付・無	
	瞬間湯沸器	付・無	
	乾燥機	付・無	
	トイレ器具一式	付・無	（保温便座 有・無　洗浄器 有・無）
	洗濯機用防水パン	付・無	
	洗面台	付・無	
	ガスレンジ	付・無	
	電気コンロ	付・無	
	オーブンレンジ	付・無	
	流し台セット	付・無	
	換気扇	付・無	

つまり、「入居者は本物件に入居した際は、速やかに付帯設備を確認し、借主は契約日から10日以内に何か不具合があればお知らせください、異議がない場合は問題がなかったとみなします」、ということである。

実際、この文書を契約書に添付するようになってからは、原状回復のトラブルが極端に減った。

「この傷は、私が入居したときからありました」と言われた場合、

「でしたら契約後10日以内に言ってもらえばよかったんですけどね」と言えばよい。

法律行為は「疎明」が必要である。つまり、何かを訴える場合、なんらかの証拠を出さなければならない義務が生じるというものであり、この「付帯設備表」のない前例の場合は、入居者、あるいは賃借人が物件に傷をつけたところこちらが主張する場合は、この主張を裏付けるなんらかの疎明が必要となる。前述のように写真を提出したところで、「その写真はいつ撮影されたものなのか」「本当にこの入居者が入る前に撮影され、明らかにこの入居者が傷をつけたものと認定され得るべき証拠なのか」などと言われてしまい、この写真自体が決定的な証拠とは言えない。「疑わしくは、罰せず」の法理からすると、なかなか判断が難しい。

ところが、この「付帯設備表」の存在があれば、今度はこちら側からの疎明は、この表で足りる。本当に傷がついていたなら、なんで契約後10日以内に異議を述べなかったのか、という論理になると、今度は相手方に疎明責任が生じることになる。傷が最初からあったこと、契約後10日以内に異議の申立てをしなかった理由、あるいは異議の申立てをしたというのであれば、誰に、いつ、どのようにして行ったのかなど、その疎明に費やす労力は際限がない。実際には、すでに数年たった後での疎明など、どちらの立場に立っても難しいことなのである。

つまり、判断の難しいことは、最初に取り決めておくことである。細かいことのようであるが、これらの整備が進んでいないと、常にプロパティマネジメント業務には、リスクと無駄な労力がつきまとうことになるのである。

9．不動産コンサルティングを実現するプロパティマネジメント業務

ちょっと条文解説や法律解説が多かったが、さらに細かい部分まで触れればプロパティマネジメント業務についてのスキルは、とてつもなく広くて深い。

当社のコンサルタントには司法試験の一次試験に合格した人材が複数いるが、実務上の仕事と照らし合わせて判断していかなくてはならず、やはり一人前になるのには5年以上かかる。もちろん宅地建物取引主任者の資格をとってから入社し、丁稚のように実務を叩き込まれ、まともに仕事を語れるようになるのに5年以上かかるのである。当社ＣＦネッツという

のは、不動産コンサルタント会社である以上、顧客からも「仕事」を期待され、顧客の要望にこたえられるには「専門性」を追求していかなければならないのである。

残念ながら現在の時点では、リーシング、プロパティマネジメント、前記のようなリスクマネジメントを総合したスキルを持った会社は存在しない。

法律関係は弁護士に丸投げ、税金関係は税理士に丸投げ、現状回復はリフォーム会社に丸投げ、そして建築関係は金融機関の提案した建築を任された建設会社や管理会社の下請けでは、いつまでたってもスキルを上げることなどできない。

従来の不動産業においては、別にそこまでのスキルを求められていないし、別にそこまでしなくても仕事になる。効率を考えれば、先に述べたとおり、宅地建物取引主任者の資格など持ってなくても仕事になるから、かような人材を集めて簡単な事業展開をしたほうが会社はもうかるかもしれない。しかしながら、これでは顧客満足は得られないし、実は働いている人たちで優秀な人たちが満足できない。

当社には、実務経験が10年以上の転職組も多くいる。それらの人たちは、前職の会社が不満で転職してきているのではない。その会社の仕事の先行きと自らのスキルに不満で転職してきている人たちばかりである。

実際、私自身が面接に立ち会って話をするが、その会社の悪口を言うような人は採用しない。なぜならその会社を作ってきたスタッフである以上、その人にも責任があると考えるからだ。そして、面接した人の中からスキルを上げたいと考えるほとんどの人たちは、自らの将来を見据えて当社に転職してくる。最近では、様々な事業展開を行っているから不動産業にこだわることなく、様々な職種で同様な現象が起きている。しかし入社すると、あまりにも業務内容が違いすぎて驚くことが多い。例えば、不動産の仲介業務や投資用の不動産の販売をする会社に勤めていたにしても、当社に入ってから「投資分析」と、先に述べた金融電卓の使い方から学ぶことになるから、まったくの無知からスタートし、丁稚のように働くことになる。仕事は仕事でこなし、勉強は勉強でしなければついていけない。時間は際限なくかかることになるから、よほどの覚悟がないと長続きしない。実際に、ドロップアウトする社員もいるが、結果的に優秀な社員だけが残っているため、良い状態が保たれている。

川の流れでたとえれば、わかりやすいと思う。普通の川の上流はか細く、下流になるに従って広く大量な水が流れるようになっている。しかし現在の不動産コンサルタントの仕事は、クライアントから幅広い仕事量とスキルが要求されているから、川上の入口では幅が広い。そして、実際に供給されている不動産や賃貸住宅などの売買や賃貸の数も非常に多い。ところが中流である賃貸管理やプロパティマネジメント事業では、まだまだスキルが低いと言わざるを得ない。そこで、この川幅の工事が必要である。上から下までスムーズな流れができてはじめて不動産業は業界ではなく「産業」と呼べるようになると考えている。

第2章

参考にした海外のプロパティマネジメントの実態

1. 多くの海外企業視察で学んだこと

前章ではプロパティマネジメントというより、賃貸管理の効率的な手法の細分である入居審査や契約関係と原状回復について述べたが、ここでは趣向を変えて、海外で学んできたことで参考となることを述べたい。

私が、このプロパティマネジメント業務を推進するようになったきっかけとは、前職の会社で賃貸管理業務を任されたことだった。

前述したとおり当時の業界では、建物賃貸借契約書の整備すらできておらず、私は、すべて手探りで一つひとつ解決してきた。この業務について、やはり同業者が同じような苦労をしていては、この業界の逸失利益は拡大するばかりであると考えていたところ、環境企画という会社から依頼を受けて『賃貸住宅仲介・管理の戦略・戦術と業務マニュアル』という書籍の執筆を行った。それが平成5年3月である。その後、業界団体の講演などを頼まれながら、さらに3冊の業界向けマニュアル本を出版させていただいた。

その間、日本中で、賃貸仲介業と賃貸管理業に住み分けが始まり、平成7年頃に日本賃貸管理業協会が発足した。本格的に、この賃貸管理業という業務が定着し始めたのである。お陰さまで、この時流に乗って私の名前も知名度を増し、やはりマニュアル本の発刊が後押しをしたのか、この業界では先駆的な立場が確立された。その後、平成10年に『賃貸トラブル110番』（にじゅういち出版）が出版されると、この業界では珍しく一般書籍となって発売され、さらに私は日本全国を飛び回ることになった。当時、まだ40歳の頃だ。

その間、日本中で講演を行いながら、賃貸管理業務の状況を確認していたのであるが、やはりシステム的に確立されているところは見当たらず、相変わらず模索の日々であった。そこで先進国に答えがあるのではないかと考え、海外の研修に参加することにした。

私を知っている人にとっては、私が、IREM（Institute of Real Estate Mangement）が発行している国際ライセンスであるCPM（Certified Property Manager®）を日本人で初めて海外で受験して取得し、現在のIREM－JAPAN創設にも携わったことは周知の事実である。

しかし、私の英語力では、日常会話もおぼつかないことは知らないと思う。実は、いまでも相変わらずで、通訳がいないとコミュニケーションが取れないのである。

仕方がないので最初のうちは、某経営コンサルタント会社の企画する海外企業視察に参加して、いろいろ学ぶことから始めた。

毎年、アメリカのメインランドを中心に視察して回ったのであるが、アメリカの実情に圧倒されてばかりで、このまま日本になど導入できないのではないかと考えたほどだった。

その後、繰り返し参加するうち、どうも様子が違うと考え始めるようになった。

訪問する企業は、それなりに有名な会社で規模も大きく、事業のスケールが違う。日本の不動産業の1事業所当たりの平均従業員数は3人程度なのだから、参考にならないのではないか。

そこで考えたのがメンバーを募って、もっと具体的な研究をしようということであった。

現在の当社でも同様だが、前職の会社では、講演料は会社の収入であるが、書籍の印税は個人の収入であった。したがって執筆は休日に行っていたが、この研究費は個人所得から経費として計上ができた。なかなか苦しい研究費の捻出だったが、毎年、海外視察を繰り返していた。

そこで出会ったのが、ＩＲＥＭ（Institute of Real Estate Management）というシカゴを本拠とする国際組織であり、そこで発行している国際ライセンスであるＣＰＭ（Certified Property Manager®）の存在である。

この組織に加盟して、この世界のＣＰＭとの人的なつながりさえできてしまえば、わざわざ高価な企業視察などに参加することもなく、さらに具体的な質問なども用意して出かければ、即座に答えが返ってくる。

最初は、通訳に苦労した。当時、某大手の不動産関連の広告代理店の社員が協力してくれて、このツアーに同行してもらったり、翻訳の手伝いなどもしてくれた。また、現地で通訳も雇った。しかし、専門用語となるとなかなか意思が通じないし、さらに日本にはない概念の言葉があったりするから、この言語の障壁には悩まされた。

最近では、不動産投資などの用語で「キャップレートCapitalization Rate（資本化率）」という言葉は一般的になってきているが、当時、私たちが渡米したときには、まったくの意味不明な言葉であった。今では笑い話だが、アメリカで雇った通訳が「帽子レート」と訳していて、何度も何度も意味を確認するが、この通訳の女性は「帽子レート」の訳を変えず、相手方の言っている本来の意味すら伝わらなかった。そんなことの繰り返しだったが、回を重ねる都度、ようやくわかってきたのは、日本もアメリカも、プロパティマネジメント業務の実務の本質はあまり変わりがないが、システム的には大きく違うということだった。

もちろん契約社会であり、訴訟社会でもある欧米では、前述したような契約書主義は当然で、後々、トラブルがないように想定され得る問題の解決方法はすべて契約書に記載されている。契約違反についても、その処理方法は明確である。日本では前述した強行法規である借地借家法などの存在により、賃料の滞納などは明らかに契約違反に決まっているのに、訴訟から明渡しの強制執行まで早くても10か月以上はかかる。しかし、アメリカでは早くて1週間、長くても1か月以内には解決する。これは州によって法律が違うようだが、ある州では保安官立会いの下に契約違反者に銃を突きつけて退去させることもできる。契約内容が明確化されていて、日本のように判断が曖昧な部分は極めて少ない。

また、契約期間についても明確であり、日本のように契約期間が満了になった場合、自動更新、法定更新ということもない。契約期間が満了した際には、再契約をするか、しないかだけである。例えば、月額賃料10万円、2年間の建物賃貸借の契約が満了した際、再契約の条件が月額11万円で提示された場合、その金額で再契約をするか、再契約をせずに契約を解除し、建物を明け渡すかの選択しかない。日本では、更新時に11万円の条件を提示されたとしても入居者は退去する必要もないし、従前の賃料月額10万円を支払っていればよいことになる。貸主側は月額11万円に値上げしたいとなれば、賃料増額の調停の手続きや、そこで解決できなければ訴訟手続きが必要であり、時間とコストがかかるため、結果的に増額など簡単にできない。

そう考えると、欧米のプロパティマネジメントよりも日本のプロパティマネジメントのほうが面倒なうえ、ある程度スキルが必要であるといえる。

以前、欧米のファンドが日本の不動産投資を行いたいと相談に来たことがある。1箇所で30億円以上、ネット利回りで6％以上の投資をしたいという。当時、ネットで6％以上というのは難しいことではなかったが、1箇所で30億円以上の投資となると、日本では大手のディベロッパーの分譲マンションをそっくり買うという規模でないと難しかった。結果的にコンサル業務をお断りしたのであるが、その1年後に彼が日本にやってきて、不動産投資物件を探している姿がテレビで放映されたが、結果的に買うことはできなかったようだ。

その後、日本ではリート（Real Estate Investment Trust）の手法が浸透し、改めて海外の投資ファンドが組成されたが、これも思った以上にうまく行かなかった。これらの敗因は不動産投資の利回りが低いため、必然的に規模の大きいものへの投資を行わなければならず、不動産投資には不向きな物件をつかまされたこと、そして現在価値よりも将来価値をあげてＩＲＲ（Internal Rate of Return）を向上させなければならないのに、前述のように、賃料を欧米のように常に物価の上昇に合わせて上昇させることは不可能に近いということを知らなかったからだと私は思う。

そう考えると、先進国のプロパティマネジメントも不動産投資も、そのまま日本に導入することは危険であると思った。日本という国の歴史と文化の積み重ねで出来上がってきたものに、突然、欧米の文化を取り入れるのは無理な話で、どちらかというと、良いところを取り入れて新たな文化を作り上げていくことのほうが簡単なように思えた。

2. 欧米の不動産運用の考え方

まず、私がカルチャーショックを受けたのは、欧米では建物は壊さないことが前提であるということだ。

次のページの写真は、ニューオリンズで見たもので、築100年を超えたコットン工場を改修して分譲のペントハウスとしたものと、そのペントハウスを売却した資金で賃貸住宅にした建物である。

最近では、日本でも100年住宅構想などというものがいわれはじめているが、ヨーロッパやアメリカでは普通のことなのである。

そういえば、フランスの凱旋門やエッフェル塔の周辺には、古いマンションがあり、古ければ古いほど価値が高いという現地の話を聞いたことがある。しかし、日本でも古い歴史的建造物については評価されて一定の価値を見いだしてはいるものの、こと「住宅」、それも

ニューオリンズ。コットン工場を改造して住宅に

一般的な「住宅」や「マンション」に歴史的な価値が見いだされることは少ない。

また、日本では新築住宅が高く、中古物件は安いのが一般的だが、アメリカの住宅においては、新築当時は付加価値がないが、中古の住宅は庭の手入れや室内の装飾、そして地域の成熟化につれて価値が高くなるというのは往々にしてあることなのだ。

例えば、土地の狭い日本では少ないが、アメリカのように国土が広く、人口も増え続けている国では、未開拓の地を住宅地と商業施設やオフィスを融合した街にしてしまうという手法が繰り返し行われており、それらは街として成熟し、時間と共にその価値が向上し、

コットン工場の機材をオブジェとして展示

地価に跳ね返るわけである。わかりやすい例で言えば、フロリダのオーランドにあるウォルト・ディズニー・ワールドである。ここを視察したときには、あまりの広さに驚いたが、そもそもこの場所は昔からの湿地帯で、誰も有効利用などできなかった場所だったという。

ここにディズニーパークが4箇所、ディズニーウォーターパークが2箇所やレースサーキット、リゾートホテルが20箇所、ゴルフコースが6箇所、そして商業施設や近隣に住宅までも大規模に開発されている。そして、このもともと無価値な湿地帯に大規模な灌漑が行われ、ディズニーが配置した運河によって水はけがよくなり、その流水はフロリダ南

室内もレトロ感を醸し出している

部のエバグレーズ地方の水不足をも解消したと言われている。
この手法は、世界中のディズニーランドにも採用されているし、日本のディズニーランドも例外ではない。価値の低い広い土地を買って、これをテーマパークとして活用し、ホテルなどの付加価値のある土地活用を通じて価値の向上を図り、徐々に規模を拡大させながら、さらなる価値の創造を図る。日本でも成功しているビジネスモデルである。

さて、話を戻すが、前ページの写真は先ほどのニューオリンズのコットン工場を改修して住宅に転化した建物の内部である。

右と下の写真は賃貸住宅の内部であるが、私が視察したときにはすでに満室であった。居住している部屋を見学させてもらったが、とんでもなく高い天井と、永い歴史を感じさせる古めかしいクラッシックタイルが印象的だった。

ただ、当然、古ければそれだけで良いというものではなく、生活に必要な近代的な設備も整っている。敷地内にはセキュリティの行き届いた遊歩道やプール、スポーツジムなども完備されている。

同様に、サンフランシスコでもコットン工場をリニューアルしてショッピングアーケードにしているところもあった（次ページの写真参照）。

多分、日本では建築基準法があり、か

天井高も特徴だ

新しく設備されたプール

サンフランシスコのコットン工場をショッピングアーケードに

利便性を高めるためにエスカレーターを新設

シンシナティにある広大な敷地の賃貸住宅インディアンクリーク

全敷地内の案内図

ような用途変更などは難しいと思うが、これらが安全に再利用できれば、きっと面白い街創りができるのではないかと考えている。

前ページの下からの写真は、オハイヨ州シンシナティにあるインディアンクリークという賃貸住宅であるが、規模に驚かされる。

上の写真は、少し見づらいかもしれないが、これ全部が賃貸住宅の案内図である。日本ではちょっと考えられない規模であるが、アメリカでは一般的であり、前述したアメリカのファンドが、日本にも、ここまで大規模でないにしても、同様の賃貸住宅があると錯覚していたとしてもおかしくない。

セキュリティを重視したゲートキーパー

オンサイトマネジメントは毎日補修を繰り返している

敷地内のテラスハウスと遊歩道

バーなどが完備されたコミュニティハウス

清潔感のある屋外プール

前々ページの上の写真は、この物件のゲートキーパーである。ホテルさながらのセキュリティであり、敷地内の治安は非常に良い。

前々ページの下の写真からもわかるように、敷地内では、毎日、様々なメンテナンスを行っている。建物だけでなく、敷地の庭、プール、駐車場やテニスコートなどの施設を管理している。また、この賃貸住宅にはコミュニティ・クラブハウスがあり、スポーツジムやバーなどが完備されていて、この賃貸住宅がひとつの街のような機能を果たしている。

まだまだ写真はいっぱいあるが、本書のページ数に限りがあるので割愛する。ここで何を言いたいかというと、まず一つは「建物はメンテナンスと改修によって壊さないことを前提」として運用されていること。当時の私は、建物の償却年数を気にしていた。日本の悪いところは、国が法定耐用年数というものを決めてしまって、すべてこれに準じてしまうことである。実は、私自身も、この意味のない呪縛にはまっていたのである。

例えば、不動産投資物件の融資などがそれである。金融機関の定める融資期間は「法定耐用年数」を基準に残存年数というものを計算して融資する。するとアパートやマンションなどの居住用の物件の場合、鉄筋コンクリートの建物は47年、重量鉄骨造は34年、軽量鉄骨造のものは27年、そして木造のものはたったの22年である。つまり日本の感覚では、木造のアパートは22年で価値はなくなると勝手に決めつけているのである。これも普通の常識から考えればおかしいものだが、いまだに真面目にそう考えているのだから、国際社会から取り残されても仕方がない。

欧米諸国では、その建物の残存期間は、その建物固有の試算が必要と考えていて、メンテナンスが行き届いている建物については、独自に調査して残存期間を定めている。また融資などの状況は日本とはまったく異なるものである。

例えば、ある物件が売買されるとする。5億円のローンが残っている場合、日本では売主は、売買する段階でその5億円の返済をし、買主はその物件を担保に新たに金融機関から融資を受けなくてはならない。そこで出てくるのが、先に述べた法定耐用年数である。日本の金融機関では、これを基準とした残存年数による建物評価額と返済期間を加味して融資条件が決まってくるから、いくら投資効率が良くてメンテナンスが行き届いていたとしても、次第に悪い条件でしか融資が受けられなくなる。つまり地価が上がらない限り、5億円を超える融資をすることはない。したがって、日本の不動産はどんどん価値が低下してしまっている。実際問題として、日本の金融機関は不動産を担保にして融資をしているのだから、その市場価格が下がれば下がるほど、融資できる金額は下がり、担保の保全のリスクは高まることになる。実は、日本の金融機関は自分たちで自分たちの首を絞めているのに気がつかないでいる。これでは日本経済は、いつまで経ってもデフレ脱却はできない。

では、欧米の融資ではどのようなことが行われているのか。

日本の金融機関は常に「担保貸付」が主流であるが、それに引き換え欧米の金融機関の姿勢は「信用貸付」が基本である。過去において、ある不動産に対する融資の返済が滞ったことがなく、その時点での売上規模が拡大していたとすれば、さらにそれに対して融資の増額が可能と考える。すると、従来貸し付けていた不動産担保のローンは売主から買主に引き継ぎ、信用枠が増えていれば、さらに融資を受けることが可能となるのである。その際に、日本のように法定耐用年数などは考慮されないし、建物のメンテナンスが行き届いていれば、あとどのくらい、事業が継続できて将来価値が見込めるのだろうと考えるのである。日本の場合は、鉄筋コンクリートの建物で築年数が30年経ってしまった建物だと、法定耐用年数が47年だから、ローンの期間は17年などと決めつけてしまう。その建物のメンテナンスが行き届いていようがいなかろうが、画一的な評価をしてしまう。さすがに、それは行きすぎだろうということで、最近は、少しは見直される傾向にあるようだが、まだまだこの法定耐用年数にこだわる傾向が強い。

この部分も「日本の常識は、世界の非常識」と言われるゆえんだろう。欧米では、住宅用の投資物件の場合、古い建物でも27年程度のローンが可能である。

さて、話はそれたが、私自身の固定概念の一つが取り払われた瞬間であった。

このニューオリンズでも、サンフランシスコでも、そして様々な場所で、私は常に現地のプロパティマネージャーに、

「この物件の建替え計画は、いつの時点で考えるのか?」

「耐用年数は、アメリカではどのくらいに考えるのか?」

「木造の建物と重量鉄骨、鉄筋コンクリートの建物では不動産の価値は異なるのか?」

などと聞いたりしていたが、どこへ行っても答えは同じだった。

「私たちがいる限りメンテナンスを繰り返し、この建物は壊すことはない」というものだった。


日本と欧米での建物を含む不動産の価値感と運用に対する考え方の違いを感じた。

そして、この考え方は、プロパティマネジメント会社の経営者から現場のオンサイトマネジメントに携わる人たちまで一貫しているのである。実際に現地を視察していると、築年数が数年のものと、60年、70年経過した木造の建物を、賃貸として貸し出して、賃料に影響するような差はないのである。あまり劣化は感じないし、メンテナンスも行き届いているし、そこを管理する人たちも「歴史」的な感覚をもっていて、むしろ「古い」ということは「歴

史的価値」であるし、「運営実績」と考えている。「これだけ長く運営できている実績から考えれば、この物件の住み心地は良いに決まっている」、というようなことをプロパティマネジメント担当者は口にしたりする。

そしてもう一つ感じたことは、欧米の賃貸住宅というものは、建物のグレードではなく、コミュニティとかサービスを中心に価値の向上を図っていることである。

日本のアパートやマンションなどでは、建物の設備などに費用を投じているが、欧米では、その場所のコミュニティとかステータスとか、様々なサービスによるアメニティなどに投資を行っている。

わかりやすく言えば、日本の賃貸住宅は居住スペースの設備などに費用を掛け、階段や廊下などの共用スペースが開放のままで雨ざらしだったりするが、欧米の賃貸住宅では、室内は質素であるが、共用スペースであるコミュニティスペースやスポーツジム、温暖な地域ではプールなどの施設に費用を掛け、そこに居住する快適性を追求しているし、そこで働く人たちのヒューマニティによってサービス力向上を図っている。

例えば、郊外の賃貸住宅などを視察した際のことである。

当時、賃料が10万円以上する物件の近くには、かなり良い分譲住宅が3000万円以下で売られていた。そこで、その賃貸住宅に住んでいる人に、

「賃料を10万円以上払うくらいなら、近くの分譲住宅を買ったら良いのではないですか？」

と聞いてみた。

いかにも日本人的な考えだったが、その住人は、

「ここに住んでいるから、この施設が使えるんじゃないか」と、その物件のスポーツジムやスカッシュコート、プールなどを指差して言った。「第一、自分では維持管理なんてできやしない」

まったく価値感の違いを思い知らされることになった。彼らは、資産価値よりもサービスの価値を選択するため、あえて賃貸住宅を選んで生活をしているのである。

商業施設と住居が融合したザ・マーケットコモン

3. ものづくりの考え方

上の写真は、ワシントンDCの郊外、アーリントンにあるザ・マーケットコモン（the market common）という街である。ショッピングアーケードとレジデンシャル（住居）が融合しており、居住区にはプロパティマネジメント会社のオフィスがあり、ここを通らなければ住居に入れず、セキュリティも万全である。

そして、この街で驚かされるのは、チーズケーキファクトリー（97ページの上の写真参

住居に入るためのゲート

商業施設と住居が融合し、利便性を高めている

照）の前にあるこの建物である（次のページの下の写真参照）。普通に通り過ぎてしまえば気がつかないと思うが、2階から上の窓がない。実は、この建物は自走式の立体駐車場なのである。

日本でいう自走式立体駐車場の場合、なんとなく無機質で亜鉛メッキを施した鉄骨のようなイメージだと思うが、街の景観を考慮して、かような意匠にしてある。

またボストンでは、外観のデザインによって建築の制限が行われたり、金融機関の融資に影響が出たりする。これは詳細を調べたわけではないので、ここではなんともいえないが、アメリカの州によって、同じような規制がとられているところは多いようだ。

例えば、日本でも最近はやりだしたようなデザイナーズ系の建物があるが、欧米では伝統的な建物は長期で低利な融資が受けられるが、前述のような斬新な建物は、建築制限がないエリアであっても融資条件は厳しいものとなる。したがって、必然的に欧米の建物は伝統的なシンメトリーのデザインを採用することが多いから、統一感のある街並みが形成されることになる。

私も多くの賃貸住宅の設計やデザインに携わってきたが、やはり日本においても後者の伝

ザ・マーケットコモンには有名な店舗を誘致

町並みの景観を崩さない立体駐車場

私がデザインした複合医療テナントビルと住宅

統的なデザイン、シンメトリーを採用している。なぜなら、建物の耐用年数を長くすることは可能であるが、長く耐えられるデザインというものは難しいもので、これは歴史から考えるしかないと思っているからだ。これから100年以上もたせる建物を考えるときには、100年以上前に建てられた建物のデザインを参考にする。すると、結果的にシンメトリーなデザインになってしまう。

シンメトリーというのは、簡単に言うと「左右対称」のデザインである。人間の顔はシンメトリーであるから飽きがこないのと一緒で、建物も左右対称のほうが飽きがこない。

例えば、上の写真のデザインも、私が実際の建物に採用したものだが、メディカルモールと居住用の建物を一体化した賃貸住宅である。

これも、ご覧のようにシンメトリーのデザインにしている。

だいたい私が関与した建物は、ほとんどすべてがかようなデザインになっている。内装や外装はメンテナンスが可能であるし、変更も可能だが、基本的なデザインはそうはいかない。したがって、建築物のデザインにはこだわってしまう。

しかし、このデザインにこだわることで変化が起きることが多い。それは時間がたつことで、この建物が評価され、近隣にも同様なデザインの建物が建築され、やがて街並みに変化が起きてくるのである。

CFネッツ横浜支店の入るビル

4. 規模の理論

実務面でいうプロパティマネジメントは、欧米と日本ではあまり変わらない、むしろ法律面でいうと日本のほうが難しいのではないかと前述した。ただし、規模的な話となると、欧米のほうがはるかに大きい。

例えば、ある所に100戸ほどのアパートメントを誰かが建てたとする。

日本と違い、不動産の仲介会社など、主要な都市にしか存在しないからプロパティマネジメント会社が自ら募集をすることになる。時間をかけて、ようやくこの物件が埋まったとすると、他のプロパティマネジメント会社がマーケットをリサーチし、この物件の100戸が埋まったのであれば、近隣に300戸ほどのもっと優良なサービスが整った賃貸住宅を建てれば、この100戸の入居者を移転させられるから200戸のリーシングのリスクだけ負えばよいと判断し、建築してしまう。

大型電動シャッター付きガレージのテラスハウス

すると100戸のアパートのオーナーはたまったものではないから、キャンペーンなどをはって対抗する。そして、双方が努力して100戸と300戸の合計の400戸が埋まるか埋まらないかのうちに、今度は、この400戸の賃貸住宅があるのだからと、別の会社が商業施設を含めた賃貸住宅を500戸ほど建ててしまう。最初に建てた100戸のアパートオーナーは、常に厳しい経営を強いられることになるが、結果的には地域が成熟し、賃料は上がって物件の価値も上がるから、総体的に考えれば利益を得たことになる。いわゆる相乗効果で全体利益が上がる仕組みとなっている。

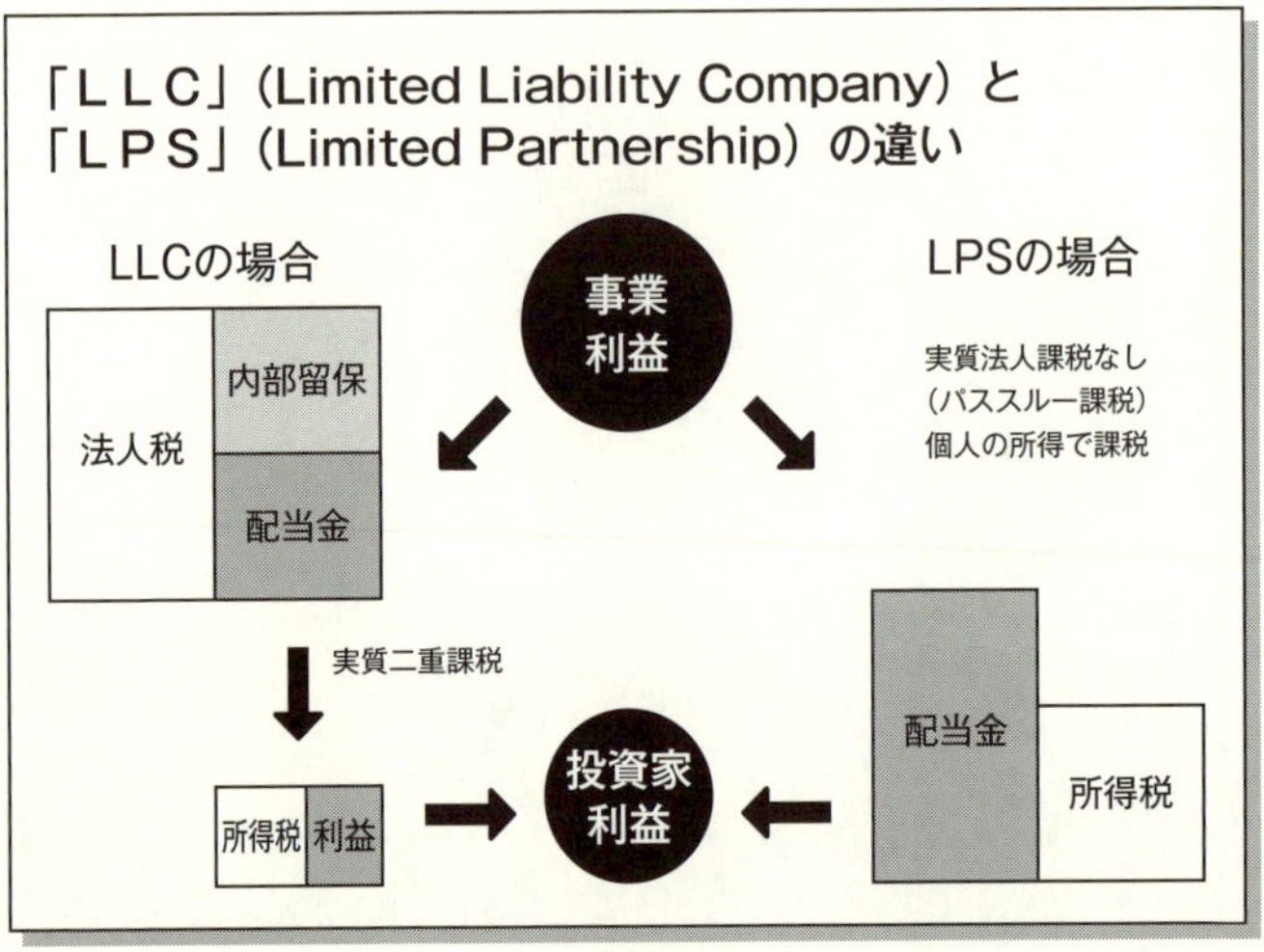

また日本のアパートオーナーは、ほとんどが個人、あるいは個人的規模の会社である。したがって資産の流動性は少なく小規模のものが多いが、欧米の場合は、アパートオーナーは投資法人であったり、共同出資型のパートナーシップである。いわゆる「ＬＬＣ」と呼ばれるリミテッド・ライアビリティー・カンパニー（Limited Liability Company）や「ＬＰＳ」と呼ばれるリミテッド・パートナーシップ（Limited Partnership）がそれである。これはアメリカでも州によって課税が異なるが、基本的には「ＬＬＣ」は企業体であるが、単に法人として課税されるというものではなく、法人で課税されるか出資した個人に課税されるかが選択でき

るため、二重課税にならない仕組みになっている。「LPS」は、そもそも法人税など掛からず、出資比率によって配当され、個人の配当所得にのみ課税される仕組みである。いかにも投資家からすれば、便利で、かつ普通な感じなのであるが、日本では、これらは「法人」として扱われ課税されてしまうし、パートナーシップの場合、分配方法によっては贈与税が課税されてしまったりする。

また、日本の金融機関は「一物一価」を好み、「一物一権利」を好む。不動産の評価がしやすく、担保に取りやすく、そして万一のときに処分しやすいからである。したがって不動産投資に積極的な投資法人や複数の権利者が存在するパートナーシップの場合は、なかなか金融機関の融資自体が受けられない。かくして、日本の不動産の場合、特定の地主さんとか一部の資産家だけが参加するマーケットのため、流動性も低く、小規模な物件が多いというわけである。

話を戻すが、欧米のアパートメントは、前述のとおり規模が大きく、日本のそれと違って管理がしやすい。これは、アパートメントだけではない。タウンハウスやテラスハウスも広大な敷地に多くの住居を設けているし、シングルファミリーホームとよばれる、いわゆる一戸建て住宅の賃貸も広大な敷地に多くの住居が一括して管理されている。トラクトハウスとも呼ばれ、建設会社が画一的なデザインを基に街並みを形成し、それらを分譲するわけだが、賃貸住宅にも同様な手法が取り入れられている。前記したオハイオ州シンシナティにあるインディアンクリークという賃貸住宅はこれに近い。したがって日本と違い、賃貸住宅の建築プランからビジネスモデルまで大きく異なり、住みやすい環境や街並みを形成させる仕組みができているが、国土が狭い日本の場合では、残念ながら賃貸住宅では欧米並みのかような手法は取り入れることができないのである。

5. オンサイトマネジメントの手法

さて、欧米において大規模な賃貸住宅が供給され、これらを現地で管理するのが、オンサイトマネジメントである。

プロパティマネジメントと
オンサイトマネジメントの役割

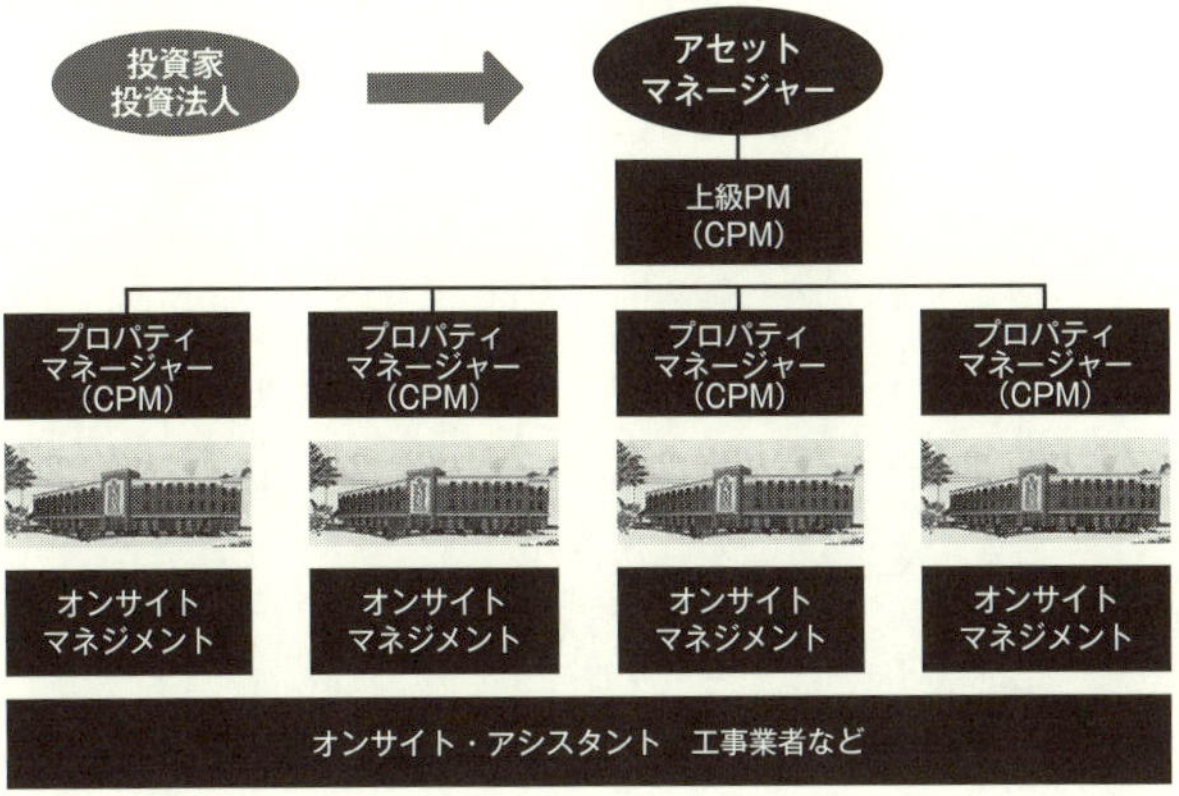

上の図が正しいかどうかはわからないが、私の聞いた限りでは、かような組織形態が多いらしい。

投資家は「アセットマネージャー」もしくは「ファンドマネージャー」に投資を依頼し、特に不動産においては「上級プロパティマネージャー」が組織を束ね、複数の物件の管理運営を行う。私が所有している国際ライセンスのCPM（Certified Property Manager®）は、プロパティマネジメント業務を行うにあたっての教育課程を修了し、一定の試験に合格したものに与えられる称号であるが、〝Certified〟は「公認」という意味で、かつ〝Property Manager〟は「不動産経営管理」

を意味する。つまり、日本でいう賃貸管理業務は、このオンサイトマネジメントを意味し、プロパティマネージャーは、その不動産の経営に携わるマネジメントを意味する。したがって、欧米の場合は、この公認された不動産経営管理士の制度が充実しており、複数の物件を管理運用する不動産経営管理士は、上級プロパティマネージャーといって、スキルのレベルがかなり高い人材でないとなれない。

また、この構図を見てもらえばわかるが、アセットマネージャーやファンドマネージャーは投資家の資金を預かって運用し、プロパティマネージャーは不動産を預かって運用しており、結果的に経済活動の中で利益を上げてゆくことを追求する。したがって、投資家からの信用の度合いを考えれば、当然、運用実績も問われるが、大切な財産を預かるわけだから、高い倫理観も問われることになる。そこに発生するのが、利益相反に対する思想である。

例えば、当社の場合、投資家に対して「転売」は行わない。特に都内のワンルームマンションなどでは、最近、転売利益を求める業者が増えているが、これを行うことは、私たちが、投資家に対して投資物件の仲介業務を行い、それを管理運営する立場からすると「利益相反」にあたる。当然、企業なのだから利益の追求は必要だが、当社の利益がクライアントの損失につながることは許されないのである。私たちの仕事は、まずは投資家の利益、つまり、いかに優良な物件を投資家に適正な価格で購入してもらうか、そして投資家に代わって、その投資物件を適正な管理料で管理運営するかということなのである。利益の中から利益を頂くわけだから、投資家が損をすれば、おのずと損が回ってくるのである。私たちの仕事は、一貫して投資家やクライアントとの利害が一致する立ち位置に存在するため、若干、日本の従来の不動産業とは違った経営とならざるを得ないのである。

さて、オンサイトマネジメントとは、どのような仕事なのか。

先に述べたとおり、物件の入居者募集など、いわゆるリーシング業務を行う賃貸仲介の会社などは主要の都市にしか存在せず、実際の現地における賃貸管理はオンサイトマネジメント業務の中で行うことが多い。また、日常生活のクレームの処理や建物維持管理、清掃業務、さらにはイベントの開催なども行っている。

最近、よく耳にすると思うが「テナント リテンション」（Tenant Retention）という言葉が日本にも定着してきている。これは入居者の保持とか入居者維持と訳されるが、入居者の顧客満足度を上げ、長くその物件に住んでもらおうとするものである。これらもオンサイトマネジメント業務のうちである。

例えば海外の単身者向けの住居では「入居者パーティー」などが、よく開催されている。入居者同士のコミュニケーションを良好にすることで、その物件の居心地を良くする。私が訪れた物件では、独身向けのスタジオタイプ（ワンルームタイプ）のアパートメントであったが、コミュニティルームには多くのカップルの写真が飾ってあった。オンサイトマネージャーに聞いてみると、写真のすべてのカップルは、そこに住んでいた入居者だそうだ。中には結婚したりして、同じ会社が運営するアパートメントに入居しているカップルもいるという。

また、誕生日に簡単なプレゼントを渡したり、入居者に合ったら必ず笑顔で挨拶をする。そして、現地にいる強みとして入居者からのクレームへの迅速な対応を行えることも、結果的に「テナント リテンション」につながることになる。

ついでに述べると、この入居者からのクレームのことを「サービス リクエスト」という。これも当社ではかなり前から採用しているのであるが、入居者からの要望は「クレーム」ではなくサービスのリクエストであると考えると、対抗的な立場ではなくなり、一緒に問題を迅速に解決して「テナント リテンション」につなげていこうという姿勢に変わるものである。

さて、このオンサイトマネジメントであるが、建物を貸して商売するものと考えると、ホテルに見習うべきヒントがある。例えば、クーラーが効かないとか、隣の人がうるさいなど、ホテルの場合はフロントに電話をすれば解決してくれる。当然、建物の中も清潔に保たれているし、メンテナンスも行き届いている。日本のアパートの場合、ホテルなどとのサービスの比較はナンセンスな話かもしれないが、欧米のアパートメントでは、ほぼ同様なサービス体制を整えているところはざらにある。なかにはホテルと併設するアパートメントだってある。ホテルのフロントの代わりにオンサイトマネージャーがおり、その建物と敷地全体を管理運営しているのである。これはやはり規模の論理であって、建物の規模が大きく、入居者の数が多ければ実現が可能なわけで、日本のように小規模のものが点在している環境のなかでの導入は難しいのが現状である。

私自身も、そう思って諦めていたのであるが、日本版オンサイトマネジメントを、現在、当社では実践を開始している。方法については、後の章で明らかにする。

第3章

欧米型の不動産業を日本に取り入れる方法

1. 不動産仲介業務とチラシ広告等の見直し

まず私が手をつけたのが、従来の不動産仲介業のやり方を見直すことであった。第1章でも若干触れたが、これだけではなかった。

賃貸管理を行っていると、様々な付加価値のある仕事が増えていったが、私は、まず不動産会社の広告というものに目をつけた。

当時の不動産の仲介会社は、チラシ広告に頼りきっていて、多少、大手などでは情報冊子などを配布するというようなことをやっていたが、ほとんどが紙情報としての告知を行っていた。前職の会社でも住宅販売が中心の会社だったから、ほぼ1日おきくらいにチラシ広告をまいていた。隣の会社が1週間に1度なら、こちらは2度。競合相手が1週間に2度なら、こちらは3度とエスカレートして行く。確かに認知度は増すかもしれないが、不特定多数の人にむやみやたらとチラシ広告をまくことほど非効率的なことはない。また、不動産広告など、不必要な人にとっては非常に迷惑な話で、昔の広告のように裏面が無印刷であればメモ用紙にでもなるだろうが、最近のような両面印刷のチラシ広告など、不必要な人にとっては単なるゴミに等しい。仮に10万部のチラシを配布して20人くらいの反響が取れても、9万9980人には不要な広告である。さらに考えると、この広告費は、この反響を頂いた顧客からもらえるものではなく、もともと物件を買ってくれた顧客から頂いた仲介料で成り立っている。すると、本来、仲介手数料というものは、その頂いた顧客のサービスに使うべきものなのに、かような広告などに消費してしまうという矛盾が生じる。これでは、なんのためのサービス業かわからなくなってしまうのである。

そこで考えたのが、書籍である。

たまたま、私は前述したとおり環境企画という会社から依頼を受けて、平成5年3月に『賃貸住宅仲介・管理の戦略・戦術と業務マニュアル』という業界向けマニュアル集を出版し、さらに3冊の業界向けマニュアル本を立て続けに出版し、日本全国で講演を行っていた。

よく考えれば、ここには「賃貸管理」などに興味のない人は来ないし、そもそも高いお金を払ってマニュアル本など買いはしない。その後、『賃貸トラブル110番』（にじゅういち出版）が出版された途端、業界の人だけではなく、一般の人も本書籍を購入し、各地で行われる一般の大家さん向けのセミナーにも呼ばれるようになった。

そこで考えたのが、書籍の出版&講演会である。必要な人のための必要な情報を書籍化し、講演することによって理解を促し、その情報に共鳴できる顧客に「個別相談」に来てもらって、様々な問題を解決する方法を考えたのである。

現在、ＣＦネッツのホームページを見てもらえばおわかりのとおり、ほとんどがセミナーの告知になっている。社員も一般書として書店に並ぶ書籍を出版し、講演を行っている。講演は有料のものもあれば無料のものもあり、内容や配布物によって異なるようになっている。それは、前述したチラシ広告のように不特定多数の人に不要なサービスを行うために、本当の顧客から頂いた仲介手数料を使うという理不尽な行為から脱皮し、あくまでも受益者負担、書籍から情報を得ようとする人が書籍を購入するのと同じく、セミナーで情報を得ようとする人は参加費を払っていただく。お互いに時間を費やすのは仕方がなく、その行為自体がサービスと考えているのである。

最近では、ネット社会といわれるほど、インターネットが普及してきている。

これも私が、前職の会社の時代に現在の状況を読んで、不動産業ではいち早くネット広告を取り入れた。平成10年のときであり、ちょっと早すぎた感はあるのだが、実は、これも理にかなった広告であると考えた。ホームページは会社が作成し、その中で会社のサービスを広告する。その情報が欲しい人は、そのページにアクセスして無料で見ることができる。広告を作成するのは会社の負担で、その情報を閲覧するための通信料は受益者負担である。そこでフェアな関係が生まれ、無駄な広告が不要となるのである。

当社は、たった３人で始めた会社ではあるが、平成12年（２０００年）にホームページを立ち上げ、私は『アッと驚く　不動産投資』（住宅新報社）を執筆し、まずは企業のクライアントのお手伝いを始め、日本全国で講演を行ったのである。

しかし、現実は、そう簡単にはいかなかった。

ＩＴ information technology 不動産

開業当時、「ＩＴ不動産」というキャッチフレーズで、当時の不動産広告の仕組み自体を変え、変革を促そうと考え、当社でも設備投資を行い、ホームページとメールを活用して不動産仲介ビジネスを立ち上げ、ＦＣ展開を図ったのであるが、みごとに外れた。まだ、時代が早すぎた。さらに、『アッと

驚く　不動産投資』（住宅新報社）も、当時、不動産投資など一般的ではなく、書籍自体も大して売れることもなく、相変わらず講演依頼の内容は「賃貸トラブル」関係の業者向けセミナーだけだった。

ところが、その年の11月に、あの『金持ち父さん　貧乏父さん』（ロバート　キヨサキ著　筑摩書房）が出版されてから、「不動産投資」に対して一般の人たちが興味を持ち出し、私の著書が重版され、業界書ではベストセラーになった。同時に、インターネットの普及は、その年から目覚しいものとなり、徐々にではあったが、不動産関係の会社もホームページを立ち上げてインターネット広告が盛んになった。ただ、残念なのが、この「ＩＴ不動産」のＦＣ展開を断念した後だったことである。

2. 新たな不動産業の構築

「人事を尽くして、天命を待つ」という言葉があるが、これは事実である。力を尽くしたことは、必ず報われるものである。ただ、天命とはいたずらなもので、時として行動が早すぎると、追いついてくれない。

しかし「IT不動産」のほうに力を注ぎ直すほど資本力はなく、当時の私の判断としては社会性と照らし合わせると、まずは私自身が行ってきた「不動産投資」を普及するコンサルティングに徹したほうが良いと考えたのである。

当社の開業当時から、すでに年金基金が破たんする兆しが明確だった。

当時、「大規模年金保養基地（グリーンピア）事業」が閣議決定で、すべて廃止されることになった。この事件は、まだ記憶に新しいと思うが2001年12月のことであり、結局、2005年度中にすべて民間に譲渡された。このグリーンピア事業とは、1970年代前半、田中角栄元首相の「日本列島改造論」に従って、当時の厚生省が計画して実行したものである。全国13箇所に大規模な保養施設を建設し、その資金は年金を運用する組織である年金資金運用基金（旧年金福祉事業団）が行っていた。しかし、これがとんでもない赤字となり、ここに年金が注ぎ込まれていることが暴露され、誰も責任を負うことなく厚生労働省は「高齢化社会を控えて、年金システムは存続の危機にある」などとし、平成12年には法律を勝手に改正し、徐々に給付開始年齢を引き上げ、同時に給付額を引き下げてきた。かつては60歳から受け取れた年金は、今や65歳以上でないと受け取ることができないし、さらなる検討が進められようとしている。これでは老後の不安は募るばかりだ。

折りしも、先に述べたとおり『アッと驚く　不動産投資』（住宅新報社）がベストセラーとなり、前記の年金問題と老後の不安という社会現象のなかで、当社のCFネッツへの「不動産投資」に対する質問や問合せが増え続けたのである。

現在では、当社のセミナー参加人数は2万人を超え、実際に不動産投資を行っている人は2千人以上であるが、最初の頃は、実際、実業に結びつくことはなかった。セミナーの参加者は私の著書を読んだ人であり、当時、参加費用は無料。参加希望者が30人を超えた時点で私の都合で日程を決め、不動産投資の理論を説明していた。私も多忙、社員もまだ少なかったから多忙。社員の中には「社長の道楽に付き合っていられない」などと陰口を言っていたものもいた。しかし、私としてみれば、せっかく私の著書を読んでくれた人たちだからと大切にし、懇親会まで開いて、料理などを振る舞っていた。ところが、その中からもっと詳し

ヒューレットパッカード社製の19BⅡ
逆ポーランド法で入力する

い内容を学びたいという人たちが現れ、さらには、当時、私が使っていた金融電卓、ヒューレットパッカード社製の「19B」の使い方まで教えてほしいという始末。仕方がないので、時間のあるときにセミナーを開催し、一般の人には必要もない「不動産投資指標」や「税金」「不動産運用」や「リスクマネジメント」まで教示した。

　すると、その中の普通の会社員の人が、勉強ばかりしていても前に進まないので実践したいと言う。それならばということで、1億2000万円程度のマンションを買ってもらい、当社がその物件の管理を行うことになった。

　販売する物件を、当社が管理する。管理ができる物件だけを吟味して販売する。そして、当社が買い取って転売するのではなく、ちゃんと仲介市場の中から物件を選択して紹介する。そこには利益相反が存在しない。欧米並みの倫理規定を不動産業者が行うとすれば、この方法は正しいと確信した。

実際、1人が実践を始めると、次々に不動産投資を行う人たちが増え始める結果となった。現在、サブリースも含めると1万戸（約800億円）を超える管理件数になったわけだが、その物件の多くは、私たちの提案する不動産投資理論を理解したうえで、実践的に不動産投資を行っている人たちが保有しているものなのである。

3．不動産コンサルタント会社の役割

話はそれたが、前述のとおり、チラシ広告をするのではなく、著書の出版、講演、個別相談、そしてコンサルティングという流れで「不動産コンサルタント会社」CFネッツを成長させてきたわけだが、最近では、当社のビジネスモデルをそのまま活用している会社が増えてきている。また、インターネットの普及により、出版ではなくホームページや「ブログ」「フェイスブック」などでセミナーの告知をし、顧客獲得につなげている会社も増えてきて

いる。したがって、当社の創業当時と比較して、簡易に同様なサービスができるようになってきている。

ところが、現在の「不動産投資産業」では、私にとっては大きな誤算が出てきている。それは、実際には非常に大きな投資を行うのに対して、いかにも簡単に不動産投資ができると誤認させて、ビジネスに結び付けようと考える素人集団の存在である。現在、インターネット書店で「不動産投資」で検索すると3000件以上が表示され、よくわからない人がよくわからない出版社から著書を出していたり、さらに電子書籍なども簡単に出版ができることで加速度的に出版物が増え続けている。

私たち、プロの場合は、様々な資格制度や免許事業の中で事業を行い、さらには出版物となれば本書のように商業出版社で出版する場合は、専門家の校閲を経て発行される。出版物には社会的な責任があり、かつ、社会性や法律などと照らし合わせて発刊されるものである。しかし、残念ながら、現在ではプロと素人の差が見極められず、不動産投資で失敗する人が増えてきている。これでは私の求めてきた欧米並みの「不動産投資はリスクが一番低い」という常識を覆させられることになってしまう。さらに不動産投資市場が好調となると、ワンルームマンションなどの転売業者が素人相手に暴利を得る構造が出来上がる。

日本人の場合、金融や投資などの教育を受けることはなく、また集団心理的な作用は強く働く性格だから、身近な人たちが家を買えば家を買い、株式投資やＦＸの投資を行えば同様な投資を行い、不動産投資を行っていれば不動産投資を行ってしまう。おおむね、その人たちは「甘い話」を信じ、私たちのような経験則上の厳しいコンサルタントの意見など聞かない。失敗して初めて、私たちの意見や著書に耳や目を向けることになる。

そこで、これらを食い止めるためには、まずは欧米並みの不動産の専門家を増やす必要があり、専門家と素人とのスキルの格差を決定的にするしかないと考えている。そのため、当社では不動産コンサルタント養成講座というものを、不動産業界や賃貸住宅経営者向けに年間8回のコースで行っている。

これについては、当社内にも賛否両論があり、なんでわざわざ当社のノウハウをオープンにする必要があるのかというものだが、私自身は、正直、「両刃の剣」と考えている。本書の出版もそうだが、確かにノウハウの公開によって大きなリスクも抱えることになるが、社会性と顧客利益、そして業界の利益を考えれば行わざるを得ないと考えている。前述したが、私自身は、平成5年3月に『賃貸住宅仲介・管理の戦略・戦術と業務マニュアル』の執筆を行った経験がある。この出版によって、業界があからさまに変革したことは周知の事実である。前述のとおり、不動産賃貸のプロが素人然とした書式を使い続けてきた歴史が変わり、不動産業界の人事的スキルは少なからず向上してきた。もちろん、これらすべてを私が行ってきたわけではないが、数十年続いてきた業界の慣習や実務を変革する布石を打ってきたことは、歴史的にみて間違いはない。すると、現時点において将来を見据えると、不動産投資の市場、プロパティマネジメント、そしてオンサイトマネジメントについて欧米の先進諸国と照らし合わせて劣っている部分について、私たちが育んできたノウハウを公表することで、業界レベルのスキルが上がることは間違いがないと信じている。

お陰さまで、最近では、不動産業者だけでなく、一般の投資家や貸家業の人まで参加していただき、私たちの業務を内側から理解してもらえるようになってきている。

また、実際上の業務にはならないかもしれないが、一般の人たち向けに「不動産投資指標」などの解説や投資分析、あるいは不動産投資の基礎知識の解説なども当社のサービスとして行っている。それは「騙されない」ためのカルチャーである。

私たちが、いくら頑張って不動産投資などの文化を広め、欧米並みに「不動産投資は一番リスクの低い投資」であるという認識を広めようとしていても、傍らから、あいかわらず不動産投資で失敗する人たちが増え続けている。それらの多くは無知からくる損失である。たまたま不動産投資に興味がわいたところで、電話による営業などの話に乗って不動産投資を行ってしまう。そして借入額の限界まで借入れを行い、キャッシュフローが追い付かなくなって、売却しようにも借入金の元金の返済ができずに地獄が始まってしまう。将来の豊かさを求めるが故の不動産投資のはずだったのに現状の生活が厳しくなってしまい、本当はその不動産をむやみに売りつけた業者や購入した無知の自分に問題があったのに、不動産投資自体を恨んでしまう。不動産投資でひどい目にあったなどと思ったり、言ったりしてしまうのである。

実は、不動産というのは、生活に密接な関係がある。親が住んでいる実家は、賃貸にしろ所有にしろ不動産であるし、家を出れば道路があるが、これも不動産。学校などの公共施設も不動産であるし、商業店舗やスーパーマーケット、コンビニエンスストアも不動産である。そして親から独立して一人住まい、あるいは結婚して引っ越しをするとなると、賃貸、あるいは分譲マンションなどの不動産と関わることになる。そして将来設計を考えると、少しでも豊かな生活を夢見て不動産投資などで資産を増やす。やがて夢がかなって資産が向上したところで、今度は相続対策が必要になってくる。

そこでひらめいたのが「不動産コンサルタント会社」なのである。

従来の不動産会社はおおむね賃貸専門会社、売買仲介会社、住宅販売会社、投資物件の販売会社などである。顧客は、その動機によって業者を選択しなければならない。賃貸住宅を探そうと思えば賃貸の仲介会社などに行き、分譲マンションなどを買おうと考えたときに売買の仲介会社や、分譲マンションの販売会社に出向くことになる。そして、その顧客の能力や将来設計と関係なく、その会社の都合の良いものを借りさせられたり買わされたりする。先ほど記述したとおり、顧客は不動産会社に、あまり良いイメージをもたなくなる。おまけに間違えて売買の仲介業者に賃貸物件などを探しに行けば「うちでは賃貸物件は扱っていない」などと追い払われるし、逆に間違って売買物件を賃貸仲介会社に探しに行けば同じ扱いを受ける。それは、顧客サイドでは、不動産との関わりが多いのに不動産会社との関わりは断片的であるからだ。そして、この断片的な関わり合いが、不動産は売ったら売りっぱなし、貸したら貸しっぱなしの体質を形成し、不動産業で働く人たちのモラルが低下し、スキルが向上しない体質につながっていたりする。もちろん、すべての業者がそうというわけではないが、そういう業者や社員がいることで、私たちの業界自体の社会的信用力は低下してきた過去があるのも事実である。

では、1人の顧客のニーズがすべて満たされるワンストップ型の不動産コンサルタント会社があったとしたらどうだろうか。

賃貸住宅などの仲介、入居中の賃貸管理、分譲マンションや一戸建住宅の購入、不動産投資用の物件購入、土地活用などでの建築計画から建築、資産家向けの相続対策など、すべてワンストップでサービスが提供できるとしたら、顧客にとっても会社にとっても相互メリットが生じることになる。

現在、CFネッツグループでは、かような不動産コンサルタント会社を目指して、ここまでやってきたのである。

お陰さまで、グループ社員はパートを含めると120人を超えるまでに成長し、自社では鎌倉本部、銀座の東京本社、大阪駅前の大阪支社と店舗展開を行い、全国に加盟店も増え続けている。

首都圏のワンルームマンションやアパートを単身者向け住居やウイークリーマンスリーマンションなどで運営する。ここではCFネッツが販売し、CFビルマネジメントと月極倶楽部が管理運営する。どちらも後ほど記述するが、オンサイトマネジメントの機能を持っているからサービスリクエストの処理能力は高く、入居者に高い満足度を提供できる。すると、この入居者が次に転居を考えた場合、当社の管理物件、仲介物件に入居する、あるいは分譲マンションなどの購入などの考えがあれば、CFネッツの住宅事業部の仲介で自身のライフプランに基づく無理のない住宅ローンを組んで返済できる物件を購入することになる。

また将来設計を考えるようになると、生命保険などを考えるからCFネッツの保険事業部で生命保険の設計を行ったり、不動産投資などを考えれば、CFネッツで投資分析の結果、良い物件を紹介でき、それらはCFビルマネジメントで管理する。

ちなみに、投資家は良い物件を購入したいと考えるが、裏腹に、では、なぜ、かような良い物件を売りに出す人がいるのかと考えることは少ない。実は、良い物件であればあるほど、そこに住んでいる人に問題があったりするのである。賃料の滞納であれば、それを根拠に契約解除などの手続きは比較的簡単な話であるが、近隣に迷惑をかけたりするような入居者だと、なかなか契約解除ができなかったりする。当社のクライアントの多くは普通の会社員や公務員、医師などの専門職の人であるから、いちいちそんなトラブルの解決などしてはいられない。したがって、CFビルマネジメントでその処理を行う。

CFビルマネジメントの管理料は賃料の7%である。最近では管理料を3%で行うとか、へたをすると建築をその会社に委託すれば管理料は掛からないなどと広告している会社があるが、人が動けば経費は掛かるのは誰でもわかる事実である。例えば当社と同じサービスを3%で行えるなら、そちらのほうが安いということになるが、それは多分、あり得ない話なのである。当社では、月末集金で、翌月5日にクライアントに送金する。多分、この対応は日本で一番早い送金システムである。通常は、翌月15日とか翌月末日とかに送金する会社が多い。また、賃料の保証となると、滞納賃料の3か月分とか6か月分とかの保証が多いように聞いているが、当社の場合は、その滞納や契約違反の入居者が退去し、清算するまでの費用全額を負担している。もちろん、その間、訴訟手続きなどを行うわけだから、弁護士費用や訴訟費用も含めて全額を管理料の中から負担しているのである。例えば賃料が6万円くらいの物件でも、明渡訴訟となると解決までに10か月から15か月くらいかかり、滞納賃料だけでも60万円から90万円、訴訟関係費用、強制執行費用などを考えると、総額150万円から200万円くらいかかることもある。6万円の管理料は4200円であり、実に400倍以上の支出をすることになり、その物件の単体での回収では33年以上かかるのである。実際、当社の試算では、当社が約1万戸の管理をしている状況でも、コストは5・5%である。したがって7%の管理料率の中の1・5%の利益から、さらなる様々なコストを賄わなければならないわけだから、決してもうかっているというものでもない。さらにCFネッツグループでは、他社にはないオンサイトマネジメント事業があり、これらのコストも算出すれば、7%では賄えないのである。この管理戸数が2万戸、3万戸になってようやく利益体質ができるのである。

話はそれたが、このようなサービス体制を整え、投資家のリスクを当社が負担しながら営業することで、高い信頼を得ることができ、さらには両親や親戚、兄弟などの紹介により土地活用や相続対策の仕事が増え続けている。最近では、会社経営者の人たちも不動産の相談にみえられるから事業継承などの仕事も増えてきている。また現在、社内には一級建築士を含め、建築士も多くおり、「建築の窓口」ということで、南青山建築工房が建築に関する全般を引き受けている。税務については銀座タックスコンサルティングの税理士が引き受けている。投資家や企業の顧客が増え続けている分、確定申告や決算の仕事も多くなり、さらには個人で不動産投資を行っていた人たちの事業規模が拡大し、また最近では法人のほうが税制上有利となるので法人化する人たちが増えている。これらのすべてをこの銀座タックスコンサルティングが行うことになっているから、まもなくこの税理士事務所も法人化し、さらなるサービスの向上を目指している。

第4章

不動産コンサルタント会社の実態

1. ワンストップ型の不動産コンサルタント会社を形成できる人材

前章の中で記述したとおり、明らかに顧客のニーズはワンストップ型の不動産コンサルタント会社のほうが高い。では、なぜ、他の不動産会社が参入しないのか。それは簡単ではないからだ。

例えば賃貸仲介会社の場合は、システムを組んで地域の情報を得られれば、事業は難しいことではないし、大手が参入する場合は、「看板」を作ってテレビなどでコマーシャルを流し知名度をあげることでFC展開などが可能となるから、資本があれば事業展開ができる。仕事内容も、あまり高度なスキルは要求されないから宅地建物取引主任者の資格は必要ないし、実務経験がなくても対応でき、人材を教育する必要もあまりない。

ところが、不動産コンサルタントの場合、賃貸のことや売買のこと、賃貸管理のことや建物の構造や設備、さらには不動産投資、相続対策などのすべてがわかったうえで専門的なスキルを高めてゆくことが必要になる。したがって、専門職であるがゆえに「丁稚」のように学ぶことが多いし、先に記述したとおり、通常の不動産仲介会社や住宅販売の会社では宅地建物取引主任者の資格がなくても働くことはできるかもしれないが、CFネッツでは不動産に関わるすべての人材に宅地建物取引主任者の資格の取得を義務付けているので、資格の取得ができないと満足な仕事に就くことができないし、顧客からも支持されない。昇給や昇格なども、奨励する資格とポジションで必要な資格があり、それらを取得しないとリーダーには昇格できないし、実務経験と実績も加味されるから知識と能力が向上しないと昇格ができない仕組みになっている。

したがって、人材教育に力を入れるのと同時に、社会的地位の向上を図って、様々な資格の取得を奨励し続けなければならないから、資本があれば事業速度が高められるというものではない。

CFネッツ自体は、そもそも3人で始めた会社であるが、現在に至るまで、様々な人材で苦労した経験がある。信頼していた社員に裏切られたこともあるし、任せた仕事を満足にできないで退職していった社員にあらぬ風評を流されたこともある。また、会社が小さいときには満足な社員を雇うことができず、それでも様々なコストをかけて人材教育を行って成長させても、結局、業務に耐え切れずに退職していく社員。起業によって、普段は、味わえない貴重な経験をすることになったが、現在となっては、すべて良い方向に結びついている。

実際、当社を退職していった社員が、いまだに当社にいたところで、結局は、現在の優秀な社員とのコミュニケーションが取れるかというと疑問であるし、仕事に対する価値観が違う人たちが共存できるという会社でもなくなっている。会社が成長するにしたがって、社員が一丸となって成長していかなければならないし、仕事のスキルが業務の成果を左右する世界では、スキルが低いまま社内に居続けることなどできない。したがって、現在のCFネッツでは、上司は部下を育て上げるスキルも求められるし、自らのスキルや資格の取得などにいそしまなければならないから、他の会社とは大きく異なっているのである。

この発想に行き着いたのは、不動産業については専門職であるという視点からである。

先に記述した平成5年3月に出版された『賃貸住宅仲介・管理の戦略・戦術と業務マニュアル』の執筆や、『入居と退去の法務』（にじゅういち出版）というマニュアル本、さらには

『賃貸トラブル110番』（にじゅういち出版）の執筆に携わったときの立川正雄弁護士との出会いから、私の考え方は一変することになった。

前職の会社で賃貸管理部門の立ち上げのときに、立川弁護士には、忙しい最中、真夜中まで建物賃貸借契約等の書式類の法律整備のお手伝いをしてもらっていた。当時は、私も立川弁護士も若かったし、お互い多忙を極めていたから、打合せといえば午後10時とか11時から始め、終わるのはいつも午前2時過ぎになってしまうのだから、今から考えると正気の沙汰ではない。お互いに、翌日のスケジュールはいつもいっぱいだったから、打合せが終われば食事もせずに真っ直ぐ帰る、というのが常であった。

それでも一度だけ、打合せのあと、夜中の2時過ぎに立川弁護士の事務所の近くにある中華街の入口にあった台湾料理の店に2人で食事に行ったことがあり、そのとき初めて仕事以外の話をしたことが私の考え方を一変させたのである。

「私ね、不動産屋さんは勉強が足りないと思うな」

私の呑んでいるビールに付き合って、一杯だけ呑んだ立川弁護士は、ふと、そんなことを言った。

「我々、弁護士の商売はそれなりに勉強して資格をとって、それから、さらに5年くらいは居候弁護士（弁護士事務所に居候のように働かせてもらうこと）をやって、それで、はじめて世の中に出てお金がもらえるようになるんだよね」

なにか、いつも仕事のことでしか話をしたことがなかったせいか、その時、とても身近な存在に思えた。

「でも、不動産屋さんは学校出て会社に入れば、すぐ商売になるから、しだいに勉強しなくなっちゃう。ともすれば宅建の資格すら取らない人もいる。倉橋さんのように熱心な人が増えれば、この業界も良くなると思うなぁ」

当時、バブル経済の真っ最中、不動産業者や建設会社がバブル経済に浮かれている頃のことである。不動産の賃貸管理と不動産コンサルティングの将来性に賭けて、無我夢中になっている私に、慰めるように言った、彼のこの言葉は印象的であった。もちろん、現在も当社の顧問になっていただいているが、弁護士のような専門職はスキルが高くなくては商売が成り立たない。さらに、日々、新しい法令や判例なども勉強し続けなければならない。

さらに、私自身、海外で国際ライセンスであるＣＰＭ取得に向けて渡米していたときに、先輩のＣＰＭから教えられた言葉は、「成功者に必要な人材は３人。１人は弁護士、１人は税理士、そして１人は不動産の専門家である」ということ。これは、欧米は訴訟社会であり、法律から身を守ることとコンプライアンスと照らし合わせるのに弁護士が必要であり、事業がうまくいったり所得が高くなったりすれば、なるべく税金を納めないために税理士を雇う。そして不動産の専門家は、当たり前だが資産を増やすのには不動産は欠かせない、ということである。この3大人脈については、それぞれ日本の感覚と大きく異なり、若干の違和感があったが、日本でも将来においては、正しいと確信している。

私自身、若い頃から不動産投資を行い、41歳の時には5億円ほどの不動産投資を実現してきている。投資という意味では株式投資も行ったことがあるが、会社員時代には仕事に大きな影響が出ることが多く、また株価の上昇や下落に一喜一憂することから精神的によくないと判断し、きっぱりやめた。また、勉強のために貴金属の先物にも手を出したが、もともと「金」が安いときに買うのが目的だったのに、この先物業者が他の投資を勧めてきたり、会社まで上司を連れて挨拶に来たりと不快な思いをさせられたので、これもきっぱりとやめた。結局、会社員時代には、すべての資金を不動産に投資したのであるが、結果的には大正解であった。

現在は実業家として実業に投資を行っているから、どちらかというと法人の株式に投資をしている。もちろん上場した会社の株式ではなく、私が経営する会社や関連会社の株式に投資し、それぞれの会社を成長させているのであるが、会社では、相変わらず不動産投資を継続して続けている。

そう考えると、私自身もそうであったように、実務を通じて、不動産という資産の持つ魅力を理解し、自らも実践しながら顧客にもアドバイスができる人材を育て上げる必要があるのである。

2. スキルを上げさせるには、時間と環境、そしてコストがともなう

ＣＦネッツグループでは、様々な事業展開をしていることは前述した。宅地建物取引主任者の資格は不動産業務に携わる人には強制的に取らせているが、事務員でも取得を希望する人には環境と費用を与えているし、不動産に携わらない分野の人たちも同様である。

さらにファイナンシャルプランナーや不動産コンサルティングマスター、一級建築士や二級建築士、マンション管理士、そして国際ライセンスのＣＰＭ（Certified Property Manager®）やＣＣＩＭ（Certified Commercial Investment Member）など、様々な資格を取得させている。これらは、その資格受験について社内稟議を取り、マネージャー会議で決定すれば、費用や学校に通う時間、合格したときのお祝金まで決まることになるから、周囲を気にせずに資格取得に向けて勉強できるし、周囲もおのずと応援モードになる。また、逆に資格取得がかなわなかったときのペナルティも科せられるから、真剣度がちがう。

例えば宅地建物取引主任者の資格受験については、最近では教材を仕入れ、毎週、インターンシップの大学生と一緒に勉強してもらう。いろいろかけた費用は、合格すれば全額を会社が負担し、さらに昇格ができるから所得も向上する。ところが不合格だと、そのかかった費用分が翌年には減給される。「受かれば天国、落ちれば地獄」制度と呼んでいるが、さらに宅建祝賀会というイベントが試験当日の夜に行われる。受験者全員が回答を持ち寄り、受験担当者が様々な学校などの回答を持ち寄って採点し、合格者には合格のコメントをスピーチさせ、落ちた人にもスピーチをさせる。これによって、格段に合格率が向上した。

また、ＣＰＭなどは、国際ライセンスのため、費用も高額となる。私自身が海外で受験したときと比べれば安いものだが、一般的な会社員で負担するにはちょっときつい。そこで、社内の希望者を募って、最終的にはマネージャー会議で決定し、毎年、３人ほど受験させている。これには費用と時間を与えることになるが、お陰さまで最近では、社員数も増えてきているから対応が容易になってきた。会社が小さい頃も、同様に毎年、この資格を取らせるようにしていたが、結構大変だった。しかし、当時は私自身も営業に携わっていたから、この費用は私が稼ぎ出せばよいことで、将来の構想を実現するには非常に重要だと考えていた。現在、日本のＣＰＭホルダーの１割以上は、当社の社員である。

3. 欧米でのCPMとの比較

私の知る限りでは、欧米のCPMは成功者が多い。

次ページの上の写真は、私の師匠であるCPMのJ氏の自宅である。また下の写真は、この家から見た庭である。遠くに見えるのは池であり、近くに隣接する7軒で共有しているという。

この庭先でバーベキューパーティを行ったのであるが、手前からゴルフのドライバーで打っても池まで届かないほど広い敷地である。

現在は、この家を処分し、郊外の牧場付きの家に住んでいて、引っ越した時にも呼ばれて行ってきたが、その家には乗馬用の馬が2頭、犬が5匹、さらには3人の娘さんが住むために、それぞれ1400坪の敷地の豪邸を3戸も別に用意しているという。

日本にもよく来るから、会って食事をしたりしながらいろいろ聞いているが、この人は最

初に小さな不動産のプロパティマネジメント会社に就職したことから今日の成功に結びついている。

その後、その会社の株を購入しながら、会社を大きくし、やがて企業買収にあって株の売却益をもって、小さいプロパティマネジメント会社を起業する。そして、またもやその会社が大きくなったところで企業を売却し、そのお金を使って不動産のオーナーになり、同時にまたもや小さなプロパティマネジメント会社を設立する。現在は、その会社も売却して、不動産オーナーとして豊かな暮らしをしているのである。その所得はここでは書けないが、私の会社員時代の給料の20倍を超えていた。

私自身最近は、かなり多忙になり、IREM-JAPANの活動にもご無沙汰してしまっているが、当時は、海外で研修を受けるたびに「日本人」というだけで面白がられたのか、様々なところでホームパーティに誘われた。家にプールがあるのは普通で、庭先にパーティ用にゴルフの3コースがある家にも招かれたし、古城のような家にも招かれた。世界の不動産を扱っている実業家の人たちは、日本の不動産業者とはレベルの違いを感じさせられる。

いろいろ調べてゆくと、日本と欧米では会社の仕組みも、事業の仕組みも大きく異なっているのである。

現在、私自身も多くの会社をもって事業に取り組んでいる。欧米のようなM&Aは盛んではないし、最近、この分野に参入している会社も多くあるようで、当社には様々なDMが届いたりするが、どうも軽薄すぎて対応する気にもなれず、かようなものとは次元が違うように思う。将来的には、この会社を未来永劫に育て上げていかなくてはならず、私以上の能力と実力が備わり、かつ、資本調達能力の高い人材でないとバトンタッチはできないと考えている。

4. 事業を成功させるには、経営者には覚悟が必要である

私自身が起業したときには、様々な人たちが応援してくれた。もちろん家族もそのはずであった。

しかし実業家にとっては、実業を中心として動くことの覚悟は必要である。

わかりやすく言うと、妻に「あなたは仕事と家族とどっちが大切なの」と問いただされた場合、会社員のときは、どんなに忙しかろうが家族の時間を作ったりできたが、現在のように実業の世界に身を置いていると、当然だが「会社のほうが大切」とせざるを得ないのである。当社には社員が120人以上おり、その人たちに家族がいるわけで、その家族の数を考えれば経営者の責任は重い。よく、働くのが辛いから会社を興す、のんびり好きなことだけやりたいから独立するという人がいるが、個人事業主であればなんとかなるかもしれないが、実業家としては難しいし、そんな会社に社員はついてきてくれない。

また、同族会社の場合、将来、どうせ息子が会社を継ぐということが決まっていれば、優秀な人材も、どこかの段階で離れて行ってしまう。

ある会社の経営者からご子息をその会社の後継者にする相談に乗ったことがある。同業者なのだが、私の考えとしては、まずは外の会社に就職させ、個人的なスキルを上げさせる。そのうちに社内の受け入れ態勢を作り上げ、社員とのコミュニケーションで問題が起きないように調整をしてから、その息子には新たな事業展開に持ち込むよう進言したのであるが、

「私の息子は経営者にするのであって、実務なんてわからなくてもよい」などといって、周囲の調整をすることなく、無理やり会社の役員にしてしまった。結果はわかると思うが、その会社の優秀な人材はほとんどすべて退職してしまったのである。

実業の世界では、株主と経営者は分離できる。

私自身は、親から引き継いだ会社ではないし、CFネッツグループの会社はすべて私がオーナーの企業である。先のJ氏の生き方には参考となることが多い。

当社の場合、副社長は選挙で決めている。現在、2社の副社長が決まっているが、これも再選することもある。

私には5人の子供がいるが、長女は公認会計士だし、次女はCFネッツグループの南青山建築工房の事務員だし、長男は柔道整復師だし、次男は当社のグループのホテルと飲食事業部のマネージャーだし、三男は警察官だ。三男を除いて、様々な関わりはあるものの、すべて独立させている。したがって、その中から身内だからという理由で会社の後継者などを決めることはない。

先にも述べたとおり、経営者には覚悟が必要である。例えば事業性資金の融資を受けるとなれば、必ず経営者が連帯保証人にならなければならないし、妻にまで連帯保証人を要求してくるところがある。最近は、これらの考え方がおかしいと、金融庁ではむやみに連帯保証を求めることは自粛するように呼びかけているらしいが、連帯保証をするということは、万一の場合、全部の資産を失うことも覚悟しなければならない。欧米の場合は、事業に対する融資は銀行がチェックして融資し、万一のときでも経営者は再起できるが、日本の場合、そうはいかないのが現状である。

そんなことになっては大変だから経営者にはなりたくないという人も多いし、さらには責任が重いから責任者にはなりたくないという人も多くなっている。私自身は19歳で起業した経験があり、リスクを取って実業を行う面白さを味わってきているから、意外に苦に思うことはない。ただ、では私と同じように現在の副社長が社長となってできるかというと、無理がある。そこで現在では、事業性資金の融資は返済を進め、無借金経営を目指している。

私自身は、近い将来、現役から離れ、会社のオーナー業に転じ、今までどおり、家族同様に扱ってきた若い社員の行く末を見守っていければ本望であるし、趣味と実益を兼ねた老後の生活のために行っている三浦市の活性化事業が完成すれば、粗末に扱ってきた家族にも少しは恩返しができるのではないかと考えている。

会社経営者には覚悟と潔さが大切であり、社員もその姿を見て成長するし、その中からトップが選ばれるべきである。会社のオーナーと経営者は分離できる。経営者から離脱したからといっても、しばらくは行く末を見極めるまでオーナーであることは可能だし、事業継承などを考えた場合、有能な経営者を育てて事業を継承させ、オーナーとしての地位を子供に継承させるやり方だってあるわけで、事実、そのほうがうまくいっている中小企業は多い。

第5章

関連業務の補強により最強と呼ばれる会社に

1. 潰れない会社づくり

会社が潰れると多方面に迷惑がかかることになる。世の中には、何度も潰れては再生を図るという不思議な会社もあるのだが、それでも多くの人々に迷惑をかけているのだから社員としてはやるせない気持ちをもって仕事を続けなければならない。そんな不幸を回避するには、潰れない会社を創造することである。

では、潰れない会社はどうやって創るのか。

もちろん先に述べたとおり、無借金経営であれば潰れ難くなるかもしれないが、潰れない会社にはならない。そこで考えたのが、「必要不可欠な会社」である。

世の中には、必要な会社は多く存在するし、むしろ必要でない会社はどんどん淘汰されるから、経営が成り立っているということは、必要な会社なのである。ところが、これに「不可欠」、つまり「ないと困る会社」だったら潰れないのである。わかりやすく言うと、あの電力会社大手が潰れないのは、現時点で代替手段がないからだし、潰れることによって大きな経済的損失を被るところが多すぎるからである。また某大手の航空会社などは、一度は潰れたが、いまではちゃんと事業を再生し、賛否両論あるだろうが、航空業界の混乱は防げている。

当社の場合、不動産コンサルタント会社であり、まずは現時点で、当社のような顧客サイドに立ったコンサルティングを中心に行っている事業者は皆無である。しかし、これも将来的には、同様な会社が出てくると思う。もちろん、それを望んで本書の執筆をしているのであるが、当社もさらに個性を高める必要がある。そこで、よりインフラに近いビジネスモデルを構築することで、この業界での差別化が図れると考えたのである。つまり水道の事業やガスの事業、電気の事業などのような、生活に絶対欠かせないサービスを構築すれば、確実に必要不可欠な会社となり得るのである。もちろん、すでにあるインフラ事業に進出するなどということではない。専門分野である不動産に関する新たなサービスを構築するということである。

2. 投資家の要望するプロパティマネジメント

日本では、不動産を買って投資する人たちの多くは会社員や公務員、あるいは医師などの高額納税者である。その人たちに投資物件の情報をいかに早く配信することができるか、そして買った後の安心感をいかに与えることができるかが大切である。そのために、私たちは多くの投資を行ってきたのである。

その一つが、管理ソフトウエアをＡＳＰ（Application Service Provider）化することだった。最近では、多くの会社が実現しているが、この技術の革新によって多くの事業形態が変わってきている。

このソフトウェアは当社の独自なシステムで開発し、システム内には様々な段階でセキュリティが設定してあり、その責任の階層ごとに使用の制限を定めている。このソフトによって情報を一元化することで、プロパティマネジメント業務が一変することになった。

顧客とのやり取りや物件の補修工事の履歴の共有だったり、契約更新業務のスケジュール管理、入出金管理、滞納賃料の管理や処理、オーナー送金の厳密化など、人の手によって間違えるミスを極力なくし、時系列に行われる賃貸管理の作業を簡素化することができた。ここまではちょっと精度の良い賃貸管理ソフトであればできるのであるが、実務に落とし込んでいけば、このASP化の実現により、大きくその業務が進化することになる。

例えば、オンサイトマネジメント業務である。

通常、賃貸管理会社の社員は、まず会社に出勤してから毎日の業務を行っているが、これは非常に効率が良くないし、サービス力が向上で

車内がオフィスとして機能するオンサイトマネジメントカー

きない。

例えば、顧客から管理物件の不具合によるサービスリクエストがあったとする。すると、担当者はその物件に赴いて状況を確認する。仮に水漏れがあったとすると、その場から業者を手配し、手配が間に合わないときには、その入居者との時間的調整をして、再度、その物件を訪れることになる。そして手配ミスなどが発生すれば、さらに二次的なクレームにつながることもあるのである。

当社では、上の写真のようなオンサイトマネジメントカーが管理エリアに6台配置されており、オンサイトマネジメントの担当者は職人あがりの人材で多能工として教育をして

車内にはパソコンとプリンターが設備されている

いる。間もなく、これらの業務を加盟店形式にしようと考えているが、この手法は当社にしかない（特許申請中）。

このオンサイトマネジメントカーには、先のASP化された管理ソフトウェアが搭載されていて、段階的なサービスリクエスト情報が配信される。Aランクの場合は「緊急対応」、Bランクの場合は「なるべく早く処理する」、Cランクの場合は「巡回途中で行えるもの」というふうになっていて、このオンサイトマネジメントの担当者は、つねにBランク、Cランクの仕事を手掛けている。前記のようなサービスリクエストの場合は、この担当者に電話連絡がいき、現場に直行して修理を済ませて処理済みとする。

実際、笑い話のようだが、埼玉にある物件で「水道の水が止まらない」との連絡が入ったときに、そのオンサイトマネジメントの担当者がその物件がある交差点で信号待ちをしているところだった。すぐさま、その物件を訪問し、水漏れの修理を行ったのだが、当然、その入居者はかなり驚いていたらしい。

また、この車両には前ページの写真のようにパソコンとプリンターがセットされているため、自転車置場の注意書きや、掲示板でのお知らせなどのプリントもこの車両の中で行える。いちいち事務所に帰ってきて張り紙などの作成をする必要もなくなった。

また、修繕の履歴なども処理後にすぐに書き込むことができるから、担当当事者がいなくても、他の者も状況が把握できる。その処理状況をオンラインで把握できるため、サービスリクエスト以外にも、賃貸物件の退去の立ち合いから原状回復工事の状況や入居可能時期なども把握できる。また業者の手配が必要な工事でも、そのときの工事代金などが履歴として残っているから、むやみに高額な請求を受けることもない。

とにかくすべての情報を一つにまとめておけるし、おまけにタイムリーに更新された情報が全部の担当者に行き渡るメリットは大きい。さらに行動管理などは社内のイントラネットで管理できるから、仕事でミスが起きる確率は極端に減った。

最近では、自社で開発などできる予算が組めない会社や開発の方法がわからない会社には、このシステムを貸し出してもいる。

実は、このオンサイトマネジメント事業は、将来的に凄い可能性が秘められていると考えている。通常のリフォーム会社などでは、自ら広告宣伝をして営業活動によって仕事を受注するか、ほかの会社の下請けとなって仕事を受注するかであるが、私たちの事業では、巡回しながら自然に仕事が受注できる。建物の外壁が汚くなれば塗装工事をするか、高圧洗浄の提案を行い、仕事を受注できる。夏場に雑草が生えていれば、除草作業の提案をする。サービスリクエストによって設備の改善が必要であれば、それも提案できる。私たちはリフォーム会社ではないから、オーナーにとって有利なものを提案できるし、それもオーナーに直接メールで写真を添付して提案できる。その物件の履歴も保存しているから信頼度が断然に違う。さらに、定期巡回中に、あまりにも管理がずさんな物件があれば、当社の管理に変更するように営業することも可能だ。実際、オーナーは管理を任せている会社がちゃんと管理しているると思い込んでいるし、遠方のオーナーだと実態を知らなかったりする。

　これは実際にあった話だが、私に直接相談に見えた人が、「空室が増えていて、頼んでいる管理会社は売却を勧めているがどうしたらよいか」というものである。私の意見とすれば、空室のまま売却するより満室にして売却したほうがよいと考え、実際にそのオーナーと物件を見に行くことにした。

　実際、行ってみて驚いた。鉄筋コンクリートのマンションであるが、すでに防水が切れていて、階段の脇から下の階段に漏水が起こっており、その雨水がコンクリートを溶かし、コンクリート中の成分である石灰（炭酸カルシウム）が溶け出して、下の階段に鍾乳洞のように何本もたれていた。その管理会社は、全国展開している大手の会社である。まさかこんなことになっているとは思っていなかったから、さすがにオーナーも怒って担当者を呼び出し、管理契約はその場で解約することになった。結局、その物件の全部をいきなり改修する費用は捻出できないということで、共用部分は修復し、1つの貸室を改修工事をしては入居者をいれて、次の部屋の改修工事に取り掛かる。その繰り返しで時間はかかったが全部を改修し終えた。もちろんその物件は売却せずに保有している。

遠隔地にある物件などでは、意外にこのような物件が存在する。管理料は取っているが、管理の能力が低い、あるいはお金はとっているが管理をしない会社が多く存在しており、私たちが業務を拡大するチャンスは目の前に多く転がっている。

3. 定期巡回のお掃除カー

前の記述を読んで、CFネッツという会社は不動産コンサルタント会社じゃないのかと思われる人が多いと思うが、さらに続けると、当社には次ページの写真のようなお掃除カーというのがある。

簡単な話、いかに設備が優れていようが、立地条件が良かろうが、汚い物件は入居者が決まらないし、オーナーの資産価値を下げることになる。何もそこまでやらなくてもと思われる人もいると思うので、解説する。

定期巡回用のお掃除カー

掃除の機材や洗剤をそろえている

実は当社では、かつて、日々のメンテナンスや清掃業務は外注に出していたことがある。管理件数も多いことから効率を考えると、そのほうが安くて済むのも事実だ。ところが、ある物件が入居者がなかなか決まらないということで、私自身も担当者に同行したことがあった。その物件に着いてみると、廊下の部分は確かに掃除をした様子はわかるが、廊下の天井部分と柱の部分にはクモの巣が張っており、さらに廊下部分に配置された換気扇の排出口からは油分が染み出て汚いうえ、ドア部分もほこりまみれ、特に空室物件などはドアノブまでほこりにまみれていた。これでは決まる物件も決まらない。そこで外注先の業者に電話をかけて注意したら、その業者の責任者と現場の担当者と名のる老人がやってきた。そこで現場を確認してもらったところ、この清掃範囲は契約に入っていないとのこと。では、かような状況のまま放置していたことについては責任がないのかというと、今度は毎月報告書を提出していると言い出す始末。その報告書というのは写真が添付されているわけではなく、単なる業務報告書であって、現状がわかるようなものでもない。

通常、私たちプロパティマネジメント会社の考え方では、この清掃業務というのは入居者サービスであり、オーナーの資産保全につながるものだと考えているが、彼らには、そのような仕事の目的が通用しない。仕方がないので、その業者との契約は解除し、新しい業者と契約をすることになった。ところが、である。最初のうちは熱心に清掃をしてくれていたが、3か月もするとやはり駄目だった。またもやその業者の責任者を呼んで事情を確認しようとしたら、なんと、前に解約した清掃業者にいた老人が来るではないか。結局、かような清掃業者は、仕事の受注があれば、その地域でアルバイトやパートを募集するケースが多く、この老人は、前の業者で仕事がなくなったから解雇され、新たな業者がアルバイトの募集を行っていたので応募し、採用され、同じ仕事をしていたのである。

私は、どんな仕事にも「魂」が必要だと思っている。仕事の目的は違っても、仕事のパフォーマンスは、結局、その仕事をする人の「魂」なのだ。

すべてが、かような業者ではないとは思うが、結果的に当社では、まだ全部ではないが、自社のお掃除カーでの定期巡回を行うようになった。

例えば、次のページの上の写真を見ていただきたい。白黒なのでわかりづらいかもしれないが、これはある地方の物件の駐車場である。この地方の冬は雪が降るため、常に路面が濡れていたりする。すると、廊下や通路などに「苔《こけ》」などが付着しやすい。この物件は入居者

インターロッキングには緑色のコケが生えていた

高圧洗浄によってキレイに清掃

湿気のたまるところはカビやコケが繁殖する。住民は気持ちが悪くて使っていなかった

がしばらく決まらないということで相談に乗ったのであるが、この地域には、かような物件が多いという。すぐさま掃除をすることを提案し、高圧洗浄機をかけたあとが前ページの下の写真である。

上の写真も同じ物件の駐輪場の写真だが、これでは入居者が快適な生活をすることはできない。この物件は4戸のアパートで1階部分の2部屋が空いていたのだが、徹底した掃除をしたことによって、数週間で入居者が決まったのである。

この地域をよく見て回ると、同様な物件はいっぱいあった。そこで本物件を管理している会社は、当社同様にお掃除カーを導入し、徹底した掃除をすることで地域での差別化を図り、稼働率を上げることに成功している。

4. 空室物件を決めるために

本書の目的とは違うから簡素に述べるが、オンサイトマネジメントカーとお掃除カーについて述べたからついでに述べさせていただく。

当社では、空室物件について、他業者の人たちが案内してくれることが多い。そのために営業マンに頼らない物件のアピールを工夫している。

例えば、エアコンのクリーニングはすべて行っており、その写真を物件内に告知してある（次ページの上の写真参照）。これにより、見えないところのメンテナンスを可視化し、入居希望者に安心感をもってもらうことができる。

また、募集中の物件には、当社のロゴマーク入りの新品のスリッパが置いてある（次の次

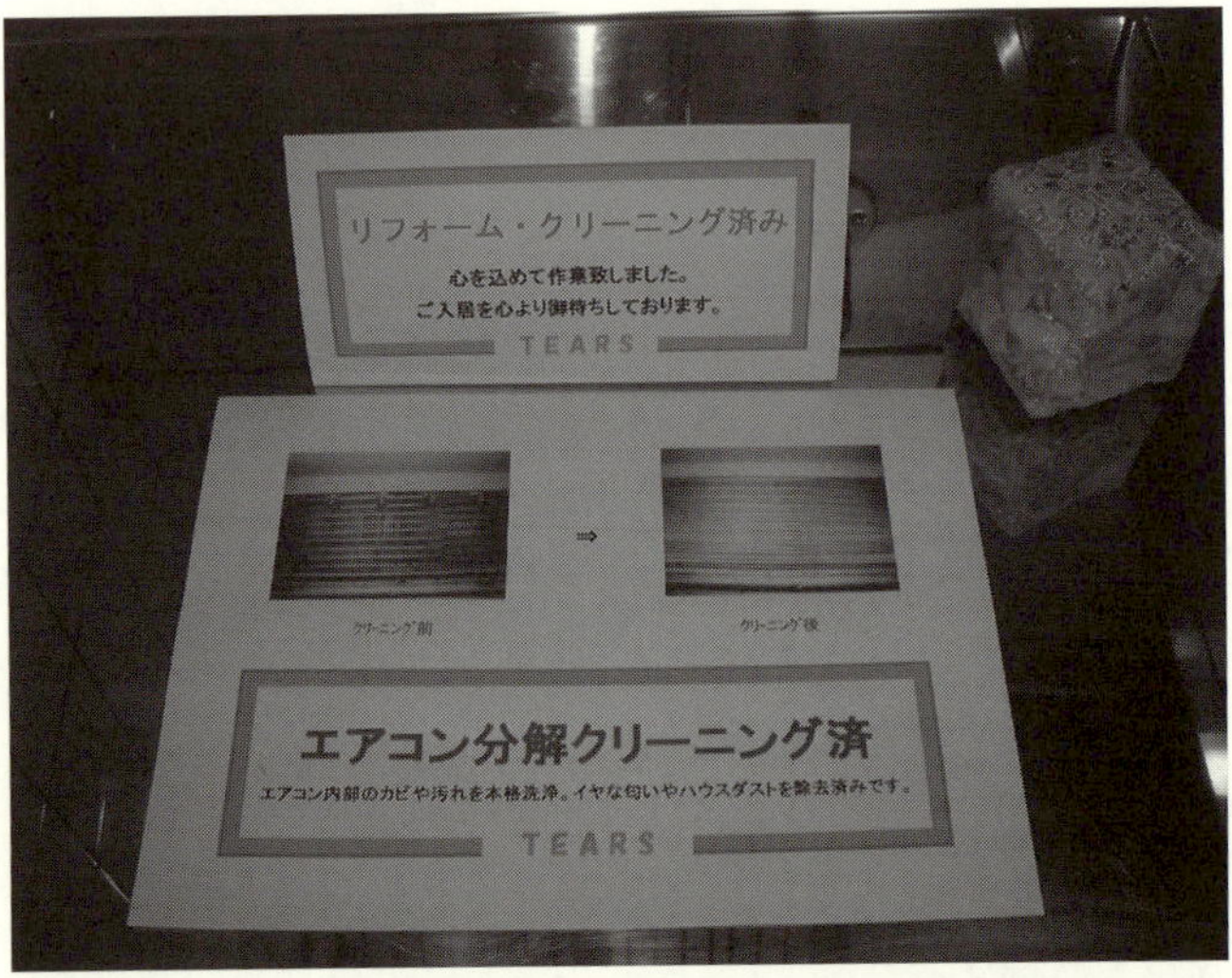

見えないところのサービスを可視化する

設備の特徴などを文章で解説してある

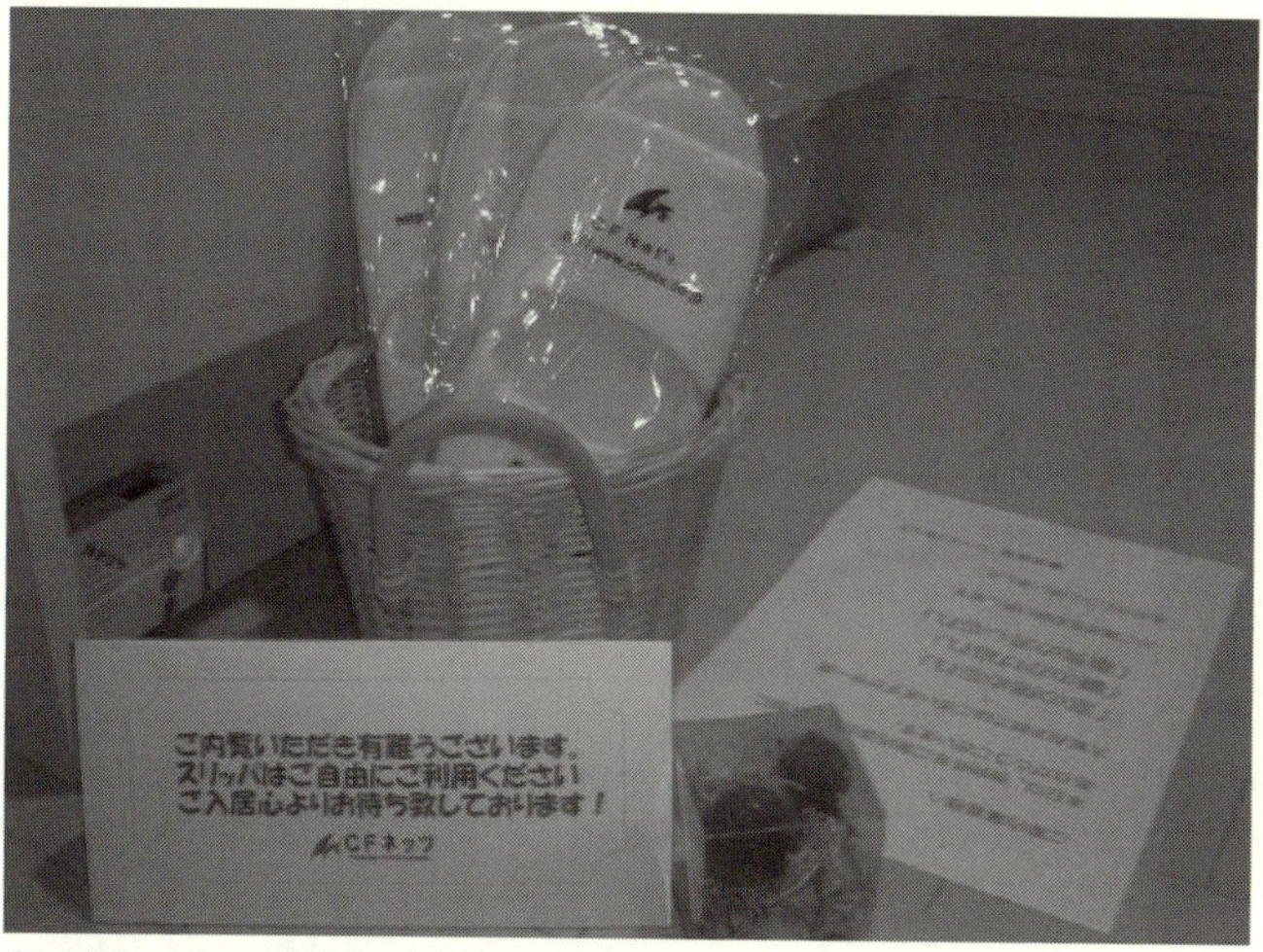

常に新品のスリッパを準備、広告効果を期待できる

のページの写真参照)。特に単身者向けの物件だと、女性の顧客も多く、古くて汚いスリッパなどはご法度である。さらに設備などにもポップと称して、様々なアピールポイントを記載して設置し(前ページの下の写真参照)、近隣の地図もコピーして置いてある。その地図の中には、近隣の買い物をする商店や学校、駅までの近道やコンビニエンスストア、マッサージ店など、生活に必要な施設などがあれば、すべて記載されている。つまり、この物件を内見しにきた顧客に対し、接する営業の人たちは当社の社員とは限らないし、その社員が地元のことを知っているとも限らない。そこで、こうした工夫を施しておく。

住居の場合、物件のアピールポイントは、その物件の設備もそうだが、近隣の環境なども重要だ。物件の内見の際、入居者にとって、そこに住んだ場合の生活イメージが持てるかどうかが大切なのである。したがって、この物件の内見をする顧客に、この物件の良さや生活イメージを持ってもらうためにも、この物件を知っている人が物件のアピールをするほうが良い。内見をする顧客も、案内をする営業の人も、そしてこの物件を管理運営する私たちも、お互いのために早期に物件を気に入ってもらい契約をしてもらうほうがよいのである。

5. 関連業務の補強作戦

さて、これまで述べてきた業務をすべてワンストップで行うと、どういうことになるか。

当社CFネッツという会社は不動産コンサルタント会社であり、不動産投資コンサル、相続対策、賃貸のリーシングなどを行っている。そこで売買の仲介をした投資用のマンション、アパートなどのプロパティマネジメント業務をCFビルマネジメントで行っている。このCFビルマネジメントでは、賃貸管理、入居者のサービスリクエストの対応や賃料滞納の督促業務、そしてオンサイトマネジメントなどを行っており、サービスリクエストやオンサイトで生じる清掃業務や修繕、あるいは原状回復工事などの手配を行う。すると、そこではリフォーム工事や定期清掃などの仕事が発生する。現在では南青山建築工房が受注しているが、まもなくこの工事部隊も独立させる考えでいる。

またCFビルマネジメントでプロパティマネジメントを行っており、そのオーナーからも多くの相談が寄せられる。この相談に対してCFネッツのコンサルタントが解決に向けて動くわけだが、たとえば相続対策となると土地の有効活用、不動産の売却などにつながってくる。土地の有効活用の場合は、アパートやマンションの建築に、不動産の売却であれば、なるべく効率よく売却するためのプランを考え、土地売りにするのか建売りにするのかを考えて売却する。これらの業務は南青山建築工房で行うことになる。また建売りの販売計画には専門的知識が必要となるため、最近では住宅事業部も創設している。

さらに、不動産の活用には様々な方法がある。まずは身近な分野では、ホテル事業がある。

神奈川県最南端の島、城ヶ島にある「遊ヶ崎リゾート」

当社ＣＦビルマネジメントでは神奈川県最南端の島「城ヶ島」で、「遊ヶ崎リゾート」という小さいながらもホテルを経営し（上の写真参照）、さらに月極倶楽部では、東京の浅草と五反田、横浜では桜木町でビジネスホテルを経営しており、ウイークリーマンスリーマンションなども経営している。

この「遊ヶ崎リゾート」内のレストランの開業によって、飲食事業が始まることになる。三浦市の三崎港には「炭火焼　蔵」、東京の六本木には「日本料理　遊ヶ崎」という料理店も出店し、さらに三崎に「美容院　ＵＮＯ」「澤田痴陶人美術館」や東京の東十条には「ソフト整体院」なども出店している。これらは現在、ＣＦ

ビルマネジメントで営業しているが、将来は「遊ヶ崎グループ」として独立させる予定だ。

これらの飲食事業部は、当社グループの接待などで使われることも多い。「遊ヶ崎リゾート」では自社、他社を問わず、企業研修や役員会議の会場としても利用され、最近ではヨットスクールなどの研修にも活用されている。さらに当社の会員、つまりオーナーと入居者の総数1万5000人を超える人たちが、会員価格で利用できる特典がついているから、相互のメリットがある。

さらに「MF接骨院」や「MFクラブ」というスポーツクラブを三崎に開業させた。つまり、当社のグループ企業と顧客とのつながりは相乗効果をもたらし、相互に成長できる仕組みが成り立っているのである。

一時期、経営概念のなかで「選択と集中」というのがもてはやされた。読書の好きな経営音痴な人たちから私自身の経営手法を馬鹿にされたことがあるが、私の場合、選択肢は顧客ニーズごとに無限であるし、一つのことに集中するのではなく、関連事業を結びつける独自の経営方針を貫いてきた。なぜなら時代は常に流れているし、人間の思考というのは常に変化し、それは実業家からすれば恐ろしいことでもあるからだ。

わかりやすく言えば、その昔、「ポケットベル」というのが流行したことがある。大変便利で画期的な情報伝達手段としてもてはやされ、これらの普及に合わせて公衆電話の数が足りなくなるほどであった。しかし、今はどうであるか。多分、誰も持っていないし、存在すら忘れ去られているのではないだろうか。仮に、この「ポケットベル」が売れるからといって選択して集中していたら、事業自体がなくなっているのである。つまり、人の意識が変化すると、その存在すらなくなってしまうという危機感を常にもって事業を遂行するのが、実業家なのである。特に現在のようにインターネットが普及し、様々な情報が錯綜する時代においては、特にユーザーの思考の変化は著しいものである。

では、不動産業に照らし合わせてはどうであろうか。

例えば住宅賃貸の仲介専門会社の場合や住宅売買の仲介専門会社の場合、その地域のニーズによって市場は変化するし、働く人たちのスキルがそれほど上がることはないから、変化に弱い体質が出来上がってしまう。

例えば、昔、団地専門の不動産仲介業者がいた。大規模団地の中に事務所を構え、団地専門を売りにしていたのであるが、最近では団地自体が高齢化し、流通数も落ち込み、さらに不動産価格が下がってしまったから商売としては厳しい局面を迎え、倒産した会社も多い。私の知人にも、かような会社に勤める優秀な人がいたが、会社自体があえなく倒産。しかし団地専門の仲介業であったため、仕事の範囲が限定的で他のスキルが備わっておらず、結局、不動産業から離れてしまっている。

「したがって、多角経営が良い」、ということでもない。

ここまで述べておわかりのとおり、当社の社名は「CF（Customer Focus）ネッツ」である。

「顧客のニーズに焦点をあてて事業展開をするネットワーク」という意味である。不動産投資物件は売るが、売ったものを管理しない、できないのでは、そもそも売るという行為自体に不確実性を感じることになる。よくワンルームマンションを転売する会社があるが、買った顧客も投資に目覚めれば、相場というものを研究することになる。現在のインターネットの環境があれば瞬時に価格の相場はわかるのである。すると、顧客はその会社から離れることになる。最近では当社のように売った物件を管理する会社も増えたが、最初の段階で転売の利益を上げる仕組みの会社では、後々、顧客とのトラブルになったりする。また、サブリースの仕組みを活用して相場より高い金額で借り上げることを前提で投資物件を販売している会社も、結局は管理で利益は上がらず長続きはしない。つまり入口で無理をして相場をごまかすような仕事では、結局、運営で苦労するし、出口でも苦労することになる。

この目線を変えたのが当社である。

ほかの会社とあまり変わらないように見えるが、大きく違うのは、当社自体が顧客目線であるということ。当社の利益を優先するのではなく、顧客の利益を優先し、その利益から当社の利益を頂くということ。顧客にはなるべく良い物件を買っていただくことで、当社も良い物件を扱うことができる。ちなみに良い物件を探すのは大変であるし、良い物件であればあるほど、入居者に問題があったりするから管理業務も大変である。しかし、これに時間をかけて解決することで明らかに良い物件になり得るわけで、この行為はさらなる顧客利益になるのである。そしてさらに顧客利益が拡大することで投資家の資産が増え続けるのと同時に、当社の管理物件戸数も拡大する。すると事業的規模は拡大するし、社員教育にも力を入れることができるし、セクションの拡大によってスキルの向上を図れるフィールドが拡大できる。口で言うのは簡単であるが、先にも述べた賃貸管理の技術が備わっていなければ、到底、実現はできない。
さらにコミュニティが継続できる仕組み作りをしているのである。

6. 顧客とのコミュニティの仕組み

当社には、顧客の会員制度がある。基本的には、プラチナ会員、ゴールド会員、CF倶楽部である。プラチナ会員は、当社のオーナーや賃貸管理を任せていただいている人などで、会員の特典は当社のセミナーに特典価格で参加できたり、投資物件情報の会員サイトにアクセスでき、会員向けのイベントに参加できる。ゴールド会員というのは、この資格を有料で受けることができ、現在は年会費1万2000円。CF倶楽部は、入居者向けの会員であり、当社の施設やセミナーが特典価格で利用できる。つまり会員には「特別扱い」をする制度である。

よく、この制度を公平ではない扱いだという人がいるが、当社との間で経済的なつながりのある顧客と、そうでない人を一緒に扱うほうが公平ではない。

また投資物件の情報配信も、無料の会員と有料の会員では、当然、有料の会員に優先的に優良な情報を提供している。しかし、プラチナ会員はすでに当社のオーナーであるため、会費は無料であるが優先的に情報を得ることができるし、すべてのサービスが受けられる。また、個別相談なども、何回受けてもすべて無料である。

この制度を導入したのは、実は不動産業者の在り方にかねて疑問を持っていたからである。前にも述べたが、そもそも不動産業者は無料でなんでもすると思っている人が多く、過去において「サービス」＝「無料」という風潮がこの業界に根付いていた。物件の案内も無料、賃料の督促も無料、広告配布も無料、物件査定も無料など、無料という言葉が常態的になっていたから、顧客も「無料サービス」が常態的になっていた。無料でできるはずがないのに、である。

当社がまだ小さい頃、インターネットを通じて当社を知った人が突然やって来て、急いで効率の良い投資物件を探せと言う。多くの業者を回っていたらしく、当社も同様の会社と勘違いしたのか、探すのが当たり前のような態度だった。もちろんお断りしたのであるが、かなり不平を言って帰って行った。かような顧客を育ててしまっているのは、過去の業界の姿勢である。

あまり生意気に聞こえてもいけないが、誤解を恐れずに申し上げれば、私たちはビジネスを行っているのであり、ビジネスにならないような人たちと付き合うことはないのである。かような顧客も、場合によっては物件の紹介によって仲介手数料が稼げるのではないかと思われるかもしれないが、先に述べたとおり当社のビジネスモデルは、購入する物件は優良なものを一生懸命探し、成約になった場合には、その物件を管理させてもらって利益を共有する仕組みとなっていて、この会員の人たちと円満な関係を構築しながら資産を増やしていただいて、当社もビジネスを成長させていくのが目的であり、将来にわたって円満な関係が築けない顧客とは最初から付き合わないようにしているのである。この姿勢を維持するのはなかなか難しいのであるが、当社は起業したときから貫いている。

7. 日本テナントサービス

また、日本テナントサービスという会社がある。

今後、日本の少子高齢化が進み、人口が減少することを予測すれば、住宅系の不動産運用だけでは限界が訪れることになる。また、当社の顧客の中にはアパートやマンションだけでなく、店舗なども持っていて、これらの空室の相談に乗ることも多くなってきた。そこで、この日本テナントサービスという会社を創り、テナント関係のサービスも開始している。

実は、居住系の賃貸仲介会社とテナント系の仲介会社とは、似て非なるものである。同じ不動産の仲介業務ではあるが、居住系の不動産仲介会社の場合は、画一的な日々の業務を行っており、個別性の高いテナント仲介の契約書式などもそろっておらず、なかなかこの業務を取り込もうとしても整備ができない。また、テナント仲介の場合、居住用の賃貸不動産と比べると顧客のニーズは偏っていて、これにこたえられる物件数も少ないばかりか、仕事

テナント専用のポータルサイト「テナントガイド」のホームページ

のチャンスが少ないがゆえに業界としてのうまみがない。

そこで当社は、「テナントガイド」というポータルサイトを運営しているエリアコミュニケーションズとの間で資本提携して、このポータルサイトを通じて情報の配信と全国に出店している大手企業１６００社との連携で、新たなビジネスモデルを構築しつつある。

例えば、こんな実例がある。相続対策の相談に来た顧客が、当社の営業エリアから離れた場所に「うどん屋」の居抜店舗を持っていて、すでに3年以上も空いた状態だった。近隣の不動産業者に依頼をしてあったが、なかなか決まることがなく困っているとのことだった。そこで、この物件の情報をテナントガイドに掲載したところ、3か月ほどで申込みが入り契約することができた。ここを申し込んだ顧客も、長年にわたり物件を探しており、不動産会社にも多数足を運んでいたものの希望する物件の紹介を受けることはなかったそうだ。たまたまインターネットで探していたところ、このテナントガイドにたどり着き、居抜店舗ということで気に入って借りてくれることになった。実は、近くに住んでいた人である。

また相続対策が発生し、330坪を超える自宅を売却する相談に乗ったが、6か月ほど売却できなかった土地があった。広い幹線道路に面するこんもりとした山のようになっている土地で、造成して宅地として販売するとなると造成費用が掛かり過ぎて、販売代金からこの金額を差し引くと土地代が出ない。仕方がないから当社のメインバンクである某地方銀行の支店が近くにあったので、銀行経由で地元の会社経営者などに自宅用地、あるいは社宅用地などで購入することはできないか検討してもらったが、これらも全部、駄目だった。もちろんアパートやマンションの建築を行ったところで採算が合うような土地ではない。八方ふさがりで悩んでいたところ、日本テナントサービスによって某コンビニエンスストアから「賃貸」の申込みが入った。この小高い山を削って、道路とフラットに造成してくれれば、月額

120万円以上で借りてくれるという。とりあえず依頼者に相談したところ、売却することが目的なので賃貸は考えていないということなので、結局、当社でこの土地を購入して造成し、某コンビニエンスストアを開業することができた。

これらは代表的な事例であるが、居住系で運用するには限界がある場合でも、かようなテナント系で運用できるものは数多くある。また、最近、横浜市内ではマンションを建築する場合は、3階までは商業施設にしなければならないエリアが存在し、本来ならマンションを建てて販売する計画がとん挫していたりする。これらの場合、用地をマンションなどの商品に仕上げるには、テナントの誘致が必要になる。

また、高齢化社会が進行すると、従来のスーパーマーケットのように大規模店舗で安売りを行うという商売の方法より、「ミニコミュニティ」の形成による安定して楽な生活環境を提案する事業がもてはやされ、顧客も望むようになる。例えば、歩ける範囲のコンビニエンスストアや惣菜店、弁当屋、飲食店などが形成され、出前や配達などが容易に頼めるような地域のミニコミュニティが形成されつつある。さらに医療機関や接骨院なども地域に充実し、健康管理なども自らの努力でできて、在宅医療などが受けられるというようなコミュニティが構築され、これらを担う不動産業が必要となると考えている。政府自体も、そのような方向性に向かっている。

今後、かような時代背景を考えると、日本テナントサービスの業界での位置付けは、ちょっと早いかもしれないが準備は必要であり、将来的に不可欠な事業であると見込んでいる。

8. 知的サービスの充実

そして、現在、銀座にある東京本社には、銀座タックスコンサルティングを開設し、近々、これも税理士法人にするつもりであり、鎌倉本部にも同様なサービスを提供できる窓口を開設するつもりだ。当社の場合、相続対策の仕事をしている関係上、相続税の申告や、資産家の投資を手伝う仕事も行っている。確定申告や法人の顧客には事業継承や決算対策なども行い、税理士の仕事にも多く携わっている。従来は顧問税理士に依頼をして処理してきたが、個人、法人の投資家はすでに2000を超えるに及び、これらも一つの事業として通用するようになってきた。さらには、法人関係の節税や個人のライフプランニングまで行っているので生命保険も取り扱っているし、損害保険も取り扱っている。これらは当社のライフデザイン事業部の仕事であるが、当社の付帯事業としては、成長路線に乗りつつある。

また身近なところでは、賃料の滞納から始まり、契約違反者に対する建物明渡訴訟など、訴訟手続きや法律事務の仕事も増えてきたから、これらも近々、弁護士を社内に雇う方向で考えている。

さらに、さらに、である。実は当社グループ会社全社のホームページなどは、すべて自社で制作を行い、更新などもすべて当社のスタッフで行っている。

先に述べた賃貸管理ソフトについても、開発段階では当社のノウハウを交えて外注も入れたが、現在の運用については、社内システムエンジニアが更新等を行っている。

私自身、もともとコンピュータ関係の専門学校に通っていて、多少の知識は持ち合わせている。

私が在籍していた前職の会社でオフコンのソフト開発を外注したが、仕上がってきたソフトが、こちらの意向に沿うものではなく、数年にわたってやり直しが続いた苦い経験がある。それは技術担当者と営業担当者の意思の疎通が乏しかったことや、そもそも不動産業の専門用語が通じず、敷金と礼金などの区別もつかない大手ソフトウェアの会社と契約してしまったことが原因だった。結局、そのソフトウェアは起動したのだが、そのときにはすでにパソコンの時代に突入しており、完成して1年ほどでパソコン対応のソフトに変更したため、そのオフコン用のソフト開発費用は無駄なものとなってしまった。この苦い経験からソフトウェアは自社開発することにし、会社がまだまだ小さいときから自社にシステムエンジニアを配置して様々な経験則に基づいたシステムを開発しているし、関連企業も同様に行っている。かような体制を整えたことで、外注では数日、ひどいときには数週間かかった仕事が瞬時に処理できるようになったのである。

また顧客データーベースも常に開発を進めている。すでにセミナー参加者は2万人を超え、その中から不動産投資物件を探す仕事の依頼を頂いている人のデーターは1万件を超えており、これらの人たちにタイムリーな物件情報を提供するには社員の能力に頼っているだけでは顧客サービスが滞ることになる。そこで開発したのが、この顧客データーベースのソフトである。これは顧客の要望をすべて入力することによって、例えば1億円のアパートの売り物件が出たときには、その物件情報を入力することで要望する顧客が一覧となって表示される。これは単純だが便利だ。最近、物件の情報が少なく、なかでも良い物件は非常に少ない。そこで担当者が仕入れてきた物件で、その担当者の顧客に紹介し、申込みが入った時点で1番手。その後、契約の準備や融資の申込みなどを行うわけだが、買主の都合で契約ができない場合もある。すると他社で2番手の申込みが入っていると、その時点で2番手の人が契約してしまえば、せっかくの良い物件が他社に渡ることになる。そこで考えたのが、2番手、3番手も当社の顧客で固めてしまうというもの。当然、2番手の人や3番手の人には順番待ちであることは伝えてお待ちいただくわけだが、1番手以外は、この顧客データーベースを元にマネージャークラスが顧客管理のうえ、物件の紹介をするように促している。売主側の担当者も、当社の中で2番手、3番手まで付けることができるから、売主に対しても安心な営業ができるし、通常のように買主の申込みが流れたときに、また新たな広告活動をしなければならないと考えるとコスト的にも時間的にもロスが生じるが、当社の申込みではそれがない。徐々に、物件の担当者も、わざわざ広告をしなくても当社に顧客がいることがわかってくるから、最初から当社に持ち込んでくれるようになる。つまり、お互いに効率の良い仕事ができてスピードも速まり、当社との付き合いのある会社が信用力を増し、収益体質もよくなるのである。

今後、これらのソフトの活用やサービスも自社だけでなく、業界全体に広めることは有意義なことではないかと考えている。

9. 単細胞は弱く、多細胞は進化する

ここまで読んでいただいて、いかがだろうか。

イノベーション戦略に近いが、根本的な不動産を中心に組織が核分裂をし、新たな組織編成が自動的に出来上がり、それらの目的はすべてCF（カスタマーフォーカス）の思想を

もっている。

組織には、必ず「錦の御旗」が必要であり、その「錦の御旗」には大義がある。どこの会社にもスローガンというのがあるが、このスローガンが自分たちの会社の身勝手なものではいけない。大義には、正義が必要だ。

ビジネスの社会では、この「スローガン」に社会性があり、大義には正義が必要である。

当社のスローガンは、

「不動産を通じて社会貢献企業を目指す」である。

そして基本理念は、

「私たちCFネッツ・グループは、既成概念にとらわれず、クライアントの利益、地域社会の利益、そして当社の利益が共存する新たな「不動産」産業の創造を第一の目的とする。

また社員は、不動産に関する専門家（コンサルタント）としての知識と自覚を持ち、道徳的、倫理的素養を備え、かつ、法律に照らしあわせて判断できる能力向上に努めるものとする」

行動指針は、

1. 社会に役立つ「人」になること
2. 人に感謝される「人」になること
3. 真意のもてる「人」になること
4. 仕事の中に楽しみを見出せる「人」になること
5. 専門家としての誇りをもてる「人」になること
6. 向上心のある「人」になること
7. 恥を知る「人」になること
8. そして夢のある「人」になること

というようになっている。

実は、これは私が前職の会社で、先に述べた賃貸管理の部署を任されたときに作成したものをアレンジしたものであり、もう25年以上前からほとんど変わっていない。これにCF（カスタマーフォーカス）の思想を基本に考えるようにしているから経営者も社員もぶれることはないし、顧客からも支持されていると考えている。

結局、正義には逆らえないし、私自身においても事業欲が強いからなんでも前向きに取り組んでしまう性格だが、この思想などと照らし合わせて着手するのをやめる事業も多い。社長ですらそうなのだから、ビジネス経験の少ない社員などは、ちょっとしたことで損得を考えて道を誤ることがあって当然である。社員が一丸となって動くといっても、やはり会社組織がどこに向かって動いているのか、何を目的として私たちが存在するのか、そして将来はどのようになるのかが明確に示されなければ組織は動かないし、誤った方向に進むものである。

当社には方針書というものがあるが、毎年年末に方針書の作成会があり、それを発表する場がある。このときに各事業部、グループ会社などが人員計画と売上計画などを発表する。それを社員全員が見ながら意見があれば意見を言い、計画に無理があるようなら修正する。会社が小さいときには私自身があれこれ言っていたが、現在ではあまり意見を言わずにすんでいる。組織が小さいときは「単細胞」型の組織運営しかできず、ちょっとした環境の変化で経営が行き詰まる危機に直面することが多い。これは、私自身が経験してきた実感である。したがって、当社を起業したときには、少なくとも現在の当社のいる状況を見越して経営設計をしていた。先に述べたように、賃貸管理ソフトを千数百万円かけて開発していたのは、最初から1万戸以上の管理をすることを前提としていたからであり、社員からすれば「なんで賃貸管理ソフトの開発にそんなに費用をかけるのか」という疑問もあった。しかし、途中で賃貸管理ソフトのバージョンを上げたり、載せ替えをしたりするとコストだけでなく、様々なリスクが伴うことを知っているから最初から大きな器を作りこんでいる。ちなみに現在の賃貸管理ソフトの動作性能は10万件まで管理できるようになっている。

話はそれたが、先の方針会で決められたことをそれぞれの部署が実行していくわけだが、これにそって毎週マネージャー会議を開き、毎月方針会を行い、進捗状況を把握しながら計画を実行していく。そして目標を達成した場合には、個人、部署ごとに報奨金制度が設けられている。この報奨金制度も各部署が決めて、マネージャー会議で承認して決められる。また昇格、昇給も、昇給分のグロスを決め、部署ごとに各人の給与を決めたものを社長である私がバランスを見ながら決めているし、昇格については人事アンケートを基に決めている。

この人事アンケートというのは年に1度行われており、封書で私あてに提出することになっている。この内容については非公開であり、私しか知らないように厳重な注意を払っている。内容的には、

1 自分が将来希望する部署はどこか（第1希望、第2希望）
2 一緒に仕事をしたい上司の名前、そしてその理由
3 一緒に仕事をしたくない人の名前（上司、同僚、部下を問わず）、そしてその理由
4 自分が当社で何ができるか、自分が当社に何を望むか
5 各部署の改善すべき点など
6 各部署、各会社のリーダーにふさわしい人、ふさわしくない人、その理由

を書いて提出してもらう。この制度も起業して間もなくから行っており、当社の文化の一つである。

さらに、先にも述べたが、当社には「副社長選挙」というのがあり、副社長は私が決めるのではなく、選挙で決めている。こちらの選挙結果は公表される。この投票用紙には立候補者に対して「合・否」を書く欄があり、選んだ理由、あるいは駄目な理由を書き込むことになっている。誰が書き込んだのかは非公開にするが、投票理由によって立候補者は、結構、反省させられることがある。

これらを行っている理由は、会社が大きくなってくると、社長などの目が届かない場面も

多く、一緒に働いている人の評価のほうが正しいことは明らかである。実際、私自身、高校生のときから働き続けており、その職場ではほとんどの人たちが周囲の悪口や愚痴を言い続けているのに、社長が登場するといきなり態度が変わっていた。また、組織が大きくなるにつれ、中間管理職というやっかいな人たちが登場し、彼らは自分の評価や部下の評価などを上司に向けてコントロールしようとする。

「いやぁ、社長。昨日、部下と飲みに行きましたら（部下の）○○がこんなことを言うのですよ」と、いかにも部下との信頼関係が出来上がっているように言ってみたり、

「社長、あいつとんでもないことを言っていましたよ」などと告げ口をする。

程度の低い社長などは、これらに翻弄され、無駄な労力を割き、やがて優秀な部下が去って行って、この馬鹿な中間管理職が会社に残ることになる。そして、この中間管理職の人たちは、これを成功事例としてさらにいろいろなことを上司に言っては、自分の都合の良いように会社をコントロールしていくから会社の発展など見込めなくなるものだ。卑劣な人は卑劣な生き方しかできず、正々堂々と生きていくノウハウをもっていない。したがって、かような中間管理職と意気投合しているような社員しか社内に残らず、結局、会社自体が不活性

化されて衰退してしまうのである。

もちろんアンケートの内容によっては、人を非難する内容が書かれていることもあるが、これらは独自に調査し、事実と照らし合わせて判断するようにしている。

まだまだ社内には様々なシステムができているが、これらは社員が自ら働きやすいようにして、それぞれが成長とともに組織編成を考え、やがてリーダーとなり「核」となって分裂し、新しい組織を作り上げられる過程を想定して作り上げられている。

人も会社も、考え方でできている。考え方が正しい会社で、考え方が正しい社員がいれば会社は自動的に成長できるものである。

10. CFネッツ流 ベンチャースピリット

カスタマーフォーカスなくして、事業なし！

社会に役立たずして、企業の意味なし！
人に感謝されずして、人として意味なし！
仕事を楽しめずして、仕事の意味なし！
誇りなくして、人生の意味なし！
チャレンジなくして、成果なし！
スピードなくして、勝算なし！
良い種蒔かずして、良い結果なし！
明るくせずして、明るい結果なし！
大きな夢をもたずして、豊かな未来なし！

これが当社の新入社員に伝えているベンチャースピリットである。

若者には正面から向き合い、姑息な生き方をしないように教育している。現代の若者は、はっきり言って私たちの生きてきた時代と異なり、また教育も違ったものになっている。同じ経営者仲間から「いまの若いものは……」という言葉がよく出るが、私たちの時代にも同じようなことを言われていたわけで、そのなかで様々な努力を積み重ねて今日に至っている。

私自身、ここ数年間、当社の面接を行ってきて、本当に大変な変化を感じている。数年前までは仕事に意欲を燃やしていた若者が多かったが、どうも最近は職業意欲が欠けてきている気がしてならない。何かに依存していないと不安であり、仕事を選ぶのも自ら決めることができず、誰かと相談して決めないと判断ができない。多分、家庭環境にも大きく影響されているのではないか。

先日、当社の飲食事業部に面接にきた若者がいた。CFネッツの場合、採用資格は基本的に大学卒業だが、飲食事業部の場合は、学歴は関係ない。高校を卒業し、板前の修業がしたいという。理由を聞いてみると、居酒屋でアルバイトをしていた経験をいかして将来は自分で店を持ちたいという。当社グループ会社が経営する六本木の「日本料理　遊ヶ崎」の料理長は、和食歴25年のベテランであり、彼の下でしばらくアルバイトをさせて様子を見ることにし、採用することになった。ところが翌日、その親から連絡があり辞退したいという。理由は「正社員」ではないということからだ。本人は将来、自分の店を出したいという夢を持って面接にきたのに、親は処遇がアルバイトなど駄目だという。目的は料理の勉強であり、将来は独立するつもりなのに「正社員」でないと駄目だと親に言われ、それも自分で電話すらかけて来られないのである。実は、意外にかような子供は多い。

そこで、ここ数年、当社では「インターンシップ制度」というのを設けている。学生時代に面接に来てもらい、アルバイトをしながら仕事を覚えてもらう。当社の内側を実体験してもらい、リアルな経験をさせて、本腰を入れて仕事をするか他の職業につくかの選択ができるようにしている。

だいたい、世の中に出たことのない学生相手に、将来、一番大事な職業を面接のみで決めさせることに無理があると考えている。面接という見合いのようなセレモニーを経て、普通なら互いの理解を深めなければならないのに、いきなり入社式、仕事開始というのはいかにも拙速すぎる。そこで「こんなはずじゃなかった」との齟齬が生まれる。すると、双方、不快な思いをしながら退職まで付き合わなければならず、お互いに不利益である。当社の場合、このインターンシップ制度を通じて、そもそも実務的について来られない人たちや、仕事内容を誤解して参加してきた人たちは即日出社して来なくなる。また、このインターンシップ制度を通じて宅地建物取引主任者の資格を取ってもらうことになっているが、この時点で資格が取れない人は当社に入社できず、また他の会社にも紹介できない。ここは厳しい判断だが、インターンシップ中に資格が取れないような人は、入社してからではもっと厳しいと考えるからだ。実は大学を卒業して、さらに1年、インターンシップに参加し、当社に入社した者もいる。また、インターンシップに参加したからといって、当社に入社しなければいけないという義務もなくしている。実際、東大や早稲田などの学生も参加し、大手の不動産業者に就職していく人たちもいるが、それはそれで様々なつながりができるし、何より、かような優秀な人材がこの不動産業に就職することに意義があるのである。

私自身、この業界に入ったときには、公務員の父親から「勘当だ」と言われるくらい不動産業の社会的信用度が低かった。また、人材の確保が難しいことから、高学歴の社員など採用することはできなかった。しかしながら時代の流れが変わり、私たちのような不動産コンサルタントや相続アドバイザー、ファイナンシャルプランナーなどの仕事が社会的に認知されるようになってからは、高学歴、高スキルの人材が職業として不動産業を選択し、仕事として流入してきている。そもそも知的産業の一端であるから、どんどん優秀な人材が入ってきて、新しい様々な分野を開拓していってほしいと願っている。

第6章

最終章　総論

1. 勝ち戦のための準備

よく、「倉橋は何を考えているのかわからない」と言われることがある。これは悪い意味ではなく、言い換えると「何を考えて、何を目的として」行っているのかがわからないということである。

本書を読んでも、「なるほど商売にはなるよな」、という程度にしか思われないかもしれないので、各論でなく、総論に触れたいと思う。

実は前章まで述べたものは、今後、当社にとって「勝ち戦」のための準備にしかすぎない。様々なサービスを取りそろえ、それに伴う環境も整え、さらには優秀な人材を雇用し、知的サービスも充実させている。先に述べたとおり、当社のサービス内容が周辺サービスと抵触する可能性も考慮し、資格や免許の整備も行ってきた。一級建築士の採用や税理士の採用などで隣接業務も自社で行えるように整備し、今後も必要な人材は育成するし、採用も行う。

これらは全部、布石なのである。

わかりやすく言うと、ゲームでオセロというのがある。最初は相手方が優勢のように見えるが、一気に逆転勝利という場面をよく目にすると思う。それらは、最初に目先の安易な手を打つことなく、最後に勝利するように布石を打つ。将棋もそうだが、高等な作戦ほど一手一手がわかりづらい手になっている。現在、当社で行っているサービスは、この布石にすぎないのである。

2. 具体的効果

例えば、こんな事例がある。

ある人から相続対策の依頼を受けたときのことである。かなりの大規模な地主さんであったが、本人も親から相続のときに苦労したこともあって、私のところにご夫婦で相談に来た。

保有する資産はほとんどが不動産で、あまり現金がない。当然、相続が発生すれば不動産を売却するしかなく、この人の場合、すでに相続人の相続税率は50％を超えていたから、生前に売却し、譲渡税の20％を支払ったほうが得だった。そこで家族とも話し合い、貸家と駐車場を売却することになった。当然、当社が専属専任媒介契約を頂き、売却をすることになったのである。ところが、貸家を管理する会社と駐車場を管理する会社から、このオーナーや当社に苦情が寄せられた。「なんで今まで管理していたのに、売却するときだけＣＦネッツなのか」というものだった。

貸家の管理を行っていた会社は、ちょうど入居者が退去するタイミングで売りやすくなり、よほど良い条件で当社が売却する案を提示したかのように思い込み、納得できないと怒鳴り込んできた。さらに駐車場の管理会社などは、駐車場契約に借地借家法の適用などないから借主に予告期間を設けて通知すれば解約できるのに、売却するなら協力もできないという始末。結局、話し合いながら解決して、売却することができたのであるが、かようなことが当社の周囲では頻繁に起きているのである。もちろん、相続対策などを行うと、その人の所有する不動産の全部を管理させていただくこともあるから、必然的に管理業務をそれまでの会社から引き継ぐことになる。遊休土地があれば、その土地を売却する場合も、そこに建物を建てることも、当社が主導的な立場で行ってしまう。もちろん、建てた後も管理させていただくことになる。そして、相続が発生すれば、相続税の申告業務も当社の税理士が行うし、不動産評価も単純に路線価で計算して申告するということなく、不整形地、近隣価格と路線価との価格乖離があれば鑑定評価を行うし、広大地であれば広大地補正なども積極的に行い、無駄に高額な申告をすることもない。ワンストップサービスのメリットである。つまり当社のサービスが浸透しだすと、資産家や実業家の人たちの仕事は当社に流れ、すべて当社の仕事となってしまうのである。

3. オンサイトマネジメント業務で占有率拡大

先に述べたオンサイトマネジメント業務では、常に定期巡回を行っている。現在、首都圏で1万戸を超える管理を行っているが、当然、まだまだ占有率は低い。実際、担当者からの報告によると、賃貸管理の会社の看板はついているが、実際には管理業務が行われていそうもない物件は多いし、賃貸仲介の会社の看板がいっぱいついているものの、ほとんどちゃんとした管理が行われていないことが原因で空室になっている物件も多くある。これらについては、まだ調査段階であるが、将来的には、これらの物件のオーナーにサービス内容を確認していただき、管理物件の受注につなげていきたいと考えている。

これも先に述べたとおり、オンサイトマネジメントという業務自体、日本では不可能と考えていたが、実際、ＡＳＰ化した管理ソフトウェアの開発によって、これらの業務は可能となったし、現在、当社では、このオンサイトマネジメント自体がないなど考えられず、プロパティマネジメント業務ができないのと一緒であるくらい、重要なポジションと認識している。これも、多分、このサービス分野が拡大すれば、プロパティマネジメント会社自体の能力も向上するし、入居者にとっても安心で快適な生活が可能となってくるだろうと考えている。これらを拡大すれば、ホームセキュリティ会社とも共有できるサービスが構築できるかもしれないし、そもそもオンサイトマネジメント業務をセキュリティ会社が行うようになるかもしれない。実際、某大手のセキュリティ会社で試みたことがある。私自身も関心があって、当社でも一部の物件を依頼したこともあったが、これは単純に不動産会社と提携したリフォーム屋さんの域を超えていないし、煩雑な業務をこなすことはできずに失敗に終わっている。一つひとつは単純で簡単なようにみえるオンサイトマネジメント業務であるが、指示系統や業務分担と処理方法の優先順位を決定して行動するには、それなりの仕組みを構築しないと、せっかくの良いビジネスモデルも機能しないのである。つまり全部が備わらないと機能しないのがプロパティマネジメント業務であり、それらが備わっていないのが現在のプロパティマネジメント会社なのである。この部分が、勝機である。大手には参入できないし、不動産会社にも参入できないし、建築会社やリフォーム会社にも参入できないし、既存のプロパティマネジメント会社も従来の手法では成り立たない。とても複雑な参入障壁と高いスキルが存在し、これらが極まれば、明らかに「絶対必要不可欠」な新しい産業文化が発展していくと考えている。

4. 全国的なネットワークの構築

なんだ、結局、一人勝ちの話かと早合点していただきたくない。当社は、ここまで独自に研究と実践を繰り返してきたところで、今後の方向性を模索してきている。これらのノウハウを現在、マニュアル化などを進め、仕事の平準化と合理化を進める努力をし、当社の行っている業務を一から行うことなく、さらに当社が引き受けられるサービスや開発したシステム、それに人材の貸与も検討している。

また、既存の事業から新規事業に発展させる、あるいは2代目などに新規事業の参入をさせるなどの企業ニーズにもこたえられるようにしようと考えている。例えば建設会社やリフォーム会社、賃貸仲介会社や売買仲介会社、賃貸管理会社などでインフラの一部が出来上がっている会社などへのノウハウの提供や資本提携などを踏まえて、地域戦略をお互いのメリットを模索しながら構築するなども可能なことだと思っている。地域の占有率を上げ、サービス力を上げ、そしてスキルも上がり、他に類のない新たな不動産業、いや不動産産業が構築できれば、新しい未来がみえてくるのである。

そのために、まずはオンサイトマネジメント業務を独立させ、実際、当社の業務委託を受けた形でシミュレーションを行い、わかりやすいFC展開を行っている。このFCでは、当社のエリアを分割細分化し、ここに物件の管理業務を落とし込む。ここでは先に述べたASP化した管理ソフトを活用し、定期巡回をしながらサービスリクエストの処理を行う。そして新規管理開拓についてのインセンティブを設けて、当社の管理物件拡大を図る。この業務は、従来の業者丸投げの管理会社の仕組みでは到底できない。現場では、管理業務に密接した仕事を行い、サービスでは土地有効活用からリフォーム、相続対策、法人化や法人の事業継承、節税などの業務までワンストップで行うことができる。多分、不動産業の歴史上、初めての試みではないだろうか。

また、新相続税が平成27年から施行されるが、これは明らかに地域格差が生じる税制であり、ここにも当社の強みが発揮される。

今後、日本の人口は減少の一途をたどる。この場合、日本の人口が10％減少するとなると、日本全国おしなべて10％減るのではなく、集中と過疎化が進むことになる。しかしながら、この相続税の場合、過疎化が進もうが、住宅の需要がなくなろうが、全国の路線価の制度は変わらない。もちろん価格の調整はあるだろうが、この制度が続く限り、売れない土地まで相続税が課税され、昔のように「物納」などはなかなか認められないから、相続破産する人は増えるだろうし、相続放棄する人も増え続ける。そして、この税制には「小規模宅地の評価減」という都市部に有利な制度があるのである。通常、相続税は「資産価値」とか「金融資産」としてお金の分量に対して課税されるのに、この「小規模宅地の評価減」というのは、いきなり面積の話になるのである。例えば、アパートやマンションの敷地の場合、200㎡までの敷地面積部分の評価を50％減額できるというものだが、地方で路線価1㎡当たり10万円の土地であれば、200㎡×10万円×50％であるから1000万円の評価減となる。そもそも地方で200㎡の敷地のアパートなどないだろうが、この金額の評価を下げられる。ところが都心部の土地だとすると、1㎡当たり100万円の土地であれば200㎡×100万円×50％であるから1億円の評価減となる。したがって、地方の土地で所有する1億円の広大な敷地より、都心部でコンパクトな1億円の土地のほうが断然有利な状況になる。すでに、当社の顧客では、地方の土地を売却して都心部のアパートやマンションを購入する動きが出ており、今後はもっと加速すると予想している。現在、東京、神奈川、大阪に出店しているが、その他の地域では、加盟店が活躍している。加盟店側は、地域の土地の売却を行い、首都圏の不動産投資を行うに当たり、当社のシステムを利用する。もちろん、土地有効活用や賃貸のリーシングや売買も行うのであるが、首都圏への不動産投資については、断然、CFネッツの加盟店のほうが売りやすいし、信頼度が違う。もちろん、双方にメリットのあるような仕組みも構築している。

今後は、この加盟店組織についても力を入れていきたいと考えている。

5. 不動産の価値が国家の価値

かつて日本は「金本位制度」を維持し、明治維新の際の国際貿易が広まって大量の金が海外に流出してしまい、その後、第2次世界大戦が勃発した際には、日本の通貨は「軍票」券に変換され、日本国民は敗戦と共にすべての財産を失ってしまった。その後、昭和の時代には高度成長、勤勉なる加工貿易により外貨を取り戻し、あのバブル経済の崩壊とともに、またもや国内資産を吐き出す結果となった。

その後、「失われた10年」と言われる混沌とした経済が日本を覆い、いまだ先の見えない状況が続いている。実際、失われたのは20年以上であり、いまだ脱却してはいない。

国際基軸通貨である米ドルは、前述の金本位制度のように裏付けのある通貨ではないし、現在の日本国通貨も、今回のアベノミクスの一端と言われている日銀の政策によって供給されているわけだが、これらも何かの裏付けがあるわけでもなく、米ドルとの協調により発行数を増やしているだけなのである。確かに、その国の通貨は、その国自体が保証してくれているから通貨なのであって、その保証の裏付けとなると、その国自体の体力がものをいうと思うが、すでにどの国も保証する体力などないのではないだろうか。

では、いまさら「金本位制度」の復活となるかというと、それも難しい。金も白金も工業製品に使われる貴金属であるから、昔のように資産として温存する、あるいは通貨としてのみの価値の裏付けとすることはできず、消費してしまっている。
すると、一つの仮説ではあるが、その国の不動産価値の総額が、その国の価値であるし、その自国通貨を保証できる唯一の資産であると言えないだろうか。その分量は、国家が保有する不動産ということではなく、日本全国の不動産資産の総計を通貨の発行量の裏付けとすればよいのである。

先進国は経済活動も円滑に行われ、不動産価格も上昇しており、発展途上国や後進国では経済活動はまだまだ円滑に行われておらず不動産価値も低い。したがって先進国が発展途上国などに経済的支援をする場合、その国の国土を担保に取って融資する。そして経済発展ができた段階で貸したお金を返済してもらい、その国の資産に戻す。その国は、その土地の評価が上昇したことで新たな通貨の発行ができるし、担保に取られている間も、余力担保分は通貨の発行ができるようにすれば、円滑な経済活動が行われるのである。

さらに国の公共事業も資産価値の向上につながるから、その資産価値の向上をもって自国通貨の発行により工事代金は捻出できるし、近隣の不動産価値も向上するから国家としての資産も増える。国民の資産も国家の資産も増えることで、国民全体の利益に結びつくことだし、通貨の裏付けがあれば、各国も安心である。また戦争なども起きず、破たんした国家は、金銭を貸し付けていた国がその国家にかわって経済活動をすればよい。

よくよく考えると、身近な金融機関が行う経済活動が国家的なレベルになれば、不動産という観点からは離れられないのである。

今回、ビットコインなどのなんら裏付けのない貨幣が登場し、大変な注目を浴びたが、現在の国家が発行する貨幣も「裏付けがない」という意味では一緒である。これでは、またいつ何時資産を喪失するかわからない。

当然ながら、その裏付けには、通常の経済活動を行ううえで「担保」として存在する「不動産」がなり得ると考えており、それらの価値を高める不動産ビジネスは将来的にも有望な産業になり得るとまじめに思っている。

6.「衣・食・住」産業という見方

「衣・食・住に関係する仕事につけば、食いっぱぐれがない」、などと言われた時代があった。着るもの、食べるもの、住むところは生活するうえで必要不可欠だから仕事がなくなることはないということで、30年以上前はかようなことを言われていたのである。

ところが現在では、着るものは日本国内で生産せずに、ほとんどが輸入。日本の企業も海外に生産拠点を作って輸入するというスタイル。食料についても同じことが言え、現在では輸入に頼るしかない。自動車や電化製品も、かつては原料を輸入して加工し、日本で生産して輸出していたわけだが、最近では、これもまた海外での現地生産にシフトし、生産拠点も海外にわたってしまっている。現在の日本経済は、かつての「昭和」の時代から明らかに産業構造が変化し、クローサーの発展段階説的には「成熟債権国」に突入し、やがて「債権取崩国」に移行する。

これは、その国の経済の発展段階によって国際収支が変化するというもので、第1の段階が「未成熟の債務国」。日本の敗戦後の経済状況がこの状況だろう。これは産業が未発達のため貿易収支は赤字、資本が不足するため、海外資本を導入するので、資本収支は流入超、投資収支は赤字の状況。第2の段階が「成熟した債務国」であり、輸出産業が発達し、貿易収支が黒字化するが、過去の債務が残っているため所得収支が大幅赤字、結果的に経常収支は赤字。高度成長期の日本の状況である。そして第3の段階が「債務返済国」であり、貿易収支の黒字が拡大し、経常収支が黒字に転換する状態。対外債務を返済できるようになる。これにより資本収支が流出超となる。輸入拡大路線の豊かさを味わえる時代である。次に第4の段階では「未成熟な債権国」。対外債務の返済が進み債権国となり、所得収支が黒字化に変化する。特定的ではあるが、自動車や電化製品の輸出により、全体的には未成熟だが対外債権があり安定的な状態。日本では、1982年（昭和57年）以降、2011年（平成23年）の東日本大震災までの約30年間にわたって所得収支は黒字だった。ところが東日本大震災以降2年以上にわたって貿易、サービス収支は赤字に転換する。そこで「成熟した債権国」に移行した可能性が高いのである。これは貿易収支が赤字に転換するが、過去の対外債権からの収入があり、所得収支が黒字であるため、経常収支は黒字を保つ段階。そして、最後は「債権取崩国」。貿易収支の赤字が拡大し、経常収支が赤字に転落。対外債権が減少する段階である。

ご承知のとおり、日本の財政は緊迫した赤字状態であり、今後、債権取崩国となると、その保有債権の債務国から返済をしてもらわないといけない。ところが、この債権のほとんどは「米国債」であるからかなり問題は深刻なのである。したがって、微妙な外交関係が生まれ、ゆがんだ政府の方針が次々と決められていくのである。

そこで、私の考えでは、もう一度、日本という国を見直すべきではないかと思っている。かつての農業政策を見直し、漁業、水産関係も見直し、日本国内の食糧自給を確保する。住宅建築なども見直して、林業も見直す。日本国内の流通システムが著しく発展しているのだから、食品加工、食品サービスなども見直し、生産者とも直結した国内需要を高めてゆく。そして飲食業、宿泊業、観光業などのサービス業の仕組みを変革して、国内だけではなく外国人にも、歓迎されるビジネスモデルを構築することだ。

結局、これらを見直すには、既存の都市計画では無理があるし、農業、漁業に関する利用形態を縛る法律の見直しが必要であり、これらのすべては不動産に関係する事業の見直しでもあるのである。

「住」は住まいを指すわけだが、今後の不動産事業は住宅産業だけではない。不動産の活用方法を総合的に判断して、日本国内の需要喚起を行い、先に述べたような不動産の潜在的価値を高めるようにするには、この分野の専門家が必要なのである。

従来の不動産業は、どちらかというと「住宅」を中心に取り扱ってきたわけだが、今後、不動産コンサルタント業のような総合的な分野に移行するとなると、当然、従来型の不動産業では、対応ができない。

これは悲観的な意見ではなく、この分野を積極的に開拓すれば、とてつもなく新たなビジネスモデルが構築できるチャンスであるということである。

7. ストック・トゥ・ストックの時代

日本の個人金融資産は約1600兆円といわれている。世界的には米国に次いで2番目に多い。しかし株式保有は8%にすぎず、現預金が54%を占めるといわれている。米国での家計資産は株式保有が32％を占める。日本のベンチャーキャピタルの年間投資額は米国の10分の1以下。開業率も日本は4％で、米国の半分以下である。政府としては、米国を基準に、この個人金融資産を上場株式やベンチャーキャピタルに回せば開業率も増えて投資資金もまわり、経済の活性化につながると考えているが、そう簡単な話ではないだろう。そもそも起業して収益をあげられるほど日本の経営環境は甘くないし、東日本大震災以降、負の経済はまだまだ広まりつつある。さらに資本市場を大手が独占し、金融も大手が独占する環境では、米国との環境が違いすぎる。おまけに日本の金融機関はリスクを取らず、相変わらず担保主義で役所と変わらないから、本来のバンカーとしての役割を果たしていない。あえて、この個人金融資産を運用するとなれば、異次元な戦略が必要となってくる。

以前、当社では、不動産投資倶楽部と称して、「小口不動産投資」というのを行っていた。1口50万円とし、数人でワンルームマンションを共有持分で保有し、賃料を年に2回に分けて収入するという仕組みである。この仕組みでは、投資倶楽部自体は一切運営費などを収入することなく、賃料をすべて投資した人たちに分配し、それぞれの人たちが不動産投資で得た利益を自らで確定申告する。具体的には、当時、600万円くらいのマンションを買って

12人で50万円ずつ投資し、賃料も12分の1、費用負担も12分の1という形で、実質的に7％程度の利益を得ることができた。当時の銀行の定期預金の金利は０・０２％だったと思うが、利回りでいえば実に３５０倍の運用ということになる。ただ、この共有持分で不動産を所有する方法が、不動産特定共同事業法という法律ができて実質的に募集ができなくなったが、実に様々なニーズがあることがわかった。

現在では「ＣＦ－１」という会社の少人数私募債という形で運用を行っている。これには金融機関のＯＢを雇い、投資家のニーズにこたえられ、運用益を最大限に確保できる仕組みづくりを行った。結局、比較的簡単にできる仕組みとして、この少人数私募債形式にたどり着いたのである。まず、会社自体は倒産隔離するために独立性をもたせ、不動産投資のみを行い、他の事業は行わない。そして借入れを行わず、資産保全を行う。仮にレバレッジをかけて金融機関から借入れを行う投資の場合は、他の会社を使ってデット（借入部分）を負担させ、あくまでもエクイティのみの投資を行い、相手方の会社を監査する。そして、この会社には社員はいるが報酬はなく、経費はあくまでも物件購入時の不動産取得税や登録免許税、司法書士や不動産手数料のみであるから極めて倒産する確率は低い。実質的には会社法の会社であるが、実態的にはいわゆる会社ではない。この「CF-1」の社債を購入するのは、当社の会員でしかなく、会員に対し、1回の募集で49人、1口100万円前後の募集を行う。期間はそれぞれ違うが、金利は4%前後であり、分離課税の20%の税金を源泉徴収して受け取ることができる仕組みである。

しかし、ここでまた、新たな顧客ニーズが広がることになった。

従来の小口投資では、どちらかというと小口でしか投資できなかった人や、投資リスクを分散させるという人たちだけのニーズだったが、この社債方式にした場合、これらの人たち以外に高額納税者の人たちや会社の資産運用に活用する人たちが増えたのである。よく考えると、個人の所得税は年収1800万円を超えると最大税率40%が課税される。市県民税は10%程度だから、単純に稼いだお金の半分が税金でとられてしまう。したがって、私もそうであるが、これ以上、不動産投資をして個人所得を上げても半分税金でとられてしまうと考えると、利息の分離課税20%は魅力的なのである。

現在の政府の方針に合致した良い仕組みが出来上がっている。ただ、これは誰もやらない仕組みなのである。なぜなら先にも述べたとおり、この会社には利益の恩恵を受ける仕組みが存在しないからである。もうからない会社など、やる意味もないから誰もやらない。しかし、当社の場合、この「ＣＦ－１」では他の顧客と同様、優良な物件に投資し、これらの管理運営は当社のグループが行うことで、多少の利益は得ることができるし、多くの顧客も当社との関係が深められる。また、公務員などで副業の禁止規定が厳格な人にも間接的ではあるが不動産投資の恩恵を受けてもらうことができる。従来、お付き合いのなかった法人の人たちとも新たなビジネスチャンスが構築できている。さらに相続対策で行う贈与の資金の運用によって、納税資金の確保も可能だ。非常に善循環が構築できている。実際、本来の年金運用などは、リスクのある投資に回すべきではなく、かような安全性の高い、確実に倒産隔離ができている仕組みづくりを活用して運用するべきだと思っている。

私の考えた造語であるが「ストック・トゥ・ストック」。

国民の個人金融資産１６００兆円を単純に４％で運用できれば、64兆円であり、日本国家の税収を優に上回ることができる。国とか国民のストックを運用して、さらなるストックに回す。先に述べた債権取崩国家になる前に日本国内のすべてを見直し、官民一体となって「稼ぐ」方法を考え、そのうえで様々な分配方法を考える時代ではないか。消費税の増税などに頼らずとも、ストックの活用によって、新たな日本の将来の道筋を見出すことができるのではないだろうか。

その意味でも、これらを運用できる倫理観のある不動産業の構築と、人材スキルの向上は必要なのではないか。

そもそも私たちは、賃貸管理などと形式は変わっているが、不動産を管理することで顧客の資産を預かっていることになる。現時点で当社では1万戸を超える管理を行っているということは、その資産は８００億円を超えることになる。つまり、あとたったの50倍で40兆円、国家予算と同じ分の資産を預かることになるのである。そう考えると、預かっている資産が不動産だけにわかりづらいが、金融機関の預かり資産と比較しても地方銀行くらいの位置に属することになる。すでに私たちの考える不動産業の行く末は、「業界」の域を超え「産業」の分野になっているのである。

今一度、足元の環境を見直すことによって、日本の経済はよい方向に発展すると考えている。

従来の不動産業の売買や賃貸ではなく、管理や運用と考えると、プロパティマネジメント業務はまだまだ開発して発展できる余地がある。そして、これらに「ストック・トゥ・ストック」の考え方が定着できれば、資産運用としての従来の金融機関や証券会社と肩を並べる新たな産業が不動産によって構築できる。これは大変な付加価値の高いビジネスモデルとなる。

この産業開拓によって、世界に通用するプロパティマネジメントとオンサイトマネジメントが「日本流」に構築できれば、世界中のマネーも優秀な人材も流入する。なぜなら、世界中で「日本」ブランドは人気が高いし、「日本人」ブランドも同様だから、信用力という面では他国にない強みがある。これらに金融とは違った不動産を活用する投資ビジネスが築き上げられれば、他国にない倫理的で道徳的で、スキルの高い人材が価値となって大量な投資資金が日本を豊かにすると考えられる。また、日本における治安や安全性も高い評価を受けている。拳銃などの武器の保有が認められず、警察の派出所制度は世界的に評価されているほどで、保安がしっかり確保されているから、世界中の資産家としては、夢のような居住環境であることは間違いがない。観光地だって、同様である。

これらの価値の創造は、やはり新たな不動産ビジネスに着目し、地道に「カスタマーフォーカス」の精神で、一歩一歩進めていくしかないのである。

これらを踏まえて、もう一度、読者ご自身の地域を見直していただきたい。まだまだ、開拓できる余地、付加価値をつけられる余地は多分にあるのではないだろうか。日本の不動産には、まだまだ潜在的な「力」があり、これを地域でイノベーションすることで、多大な付加価値を高められるのである。

第7章

おまけの話

1. 三浦市の地域活性化プロジェクト

現在、CFネッツグループのCFビルマネジメントでは、三浦市「下町城ヶ島活性化事業」の第2事業を行っている。これは、同社が「城ヶ島　遊ヶ崎リゾート」というリゾートホテルとレストランを経営することのきっかけから始まった（次ページの写真参照）。

この城ヶ島というのは、神奈川県の最南端の市、三浦市のさらに最南端の島である。横浜からは乗用車で1時間以内で行けるし、東京からも1時間半もあれば行けるほど、首都圏からは近い。ミシュランのグリーンガイドでは二つ星で紹介され、神奈川県第4の観光地としても指定されている。おおむね75％が農業と漁業のための土地で形成され、市街地は非常に狭いエリアで形成されている。そしてこの三浦市の漁港の中心である三崎港は、マグロでお馴染みの遠洋漁業の盛んな街だったが、近年では遠洋漁業が衰退し、さらにリーマンショック、そして東日本大震災の影響から景気は低迷し、人口は減少しながら少子高齢化が進むと

「遊ヶ崎リゾート」の遠景

いうトリプルショックが続いている。多分、日本全国にかような市や街は多く存在していると思うが、現状の日本経済を支えてきた中小企業や零細企業、そして個人商店がどんどん倒産や廃業に追いやられ、結果的に都市集中型の二極化が進む経済が顕著に現れている地域だといえる。

私がこの街に着目したのは、実は行きつけの築地の料理屋の店長が、その店を辞めたことから始まった。築地の場外市場の中にあったその店では、毎日、新鮮な魚介類のメニューが変わり、その場で調理方法を指定して食べることができた。その際に、その食材の出荷場所を説明してくれていて、その説明の中に「三崎」とか、

「三浦」とか、「松輪」とかの名前が多く出てきていた。私自身、凄く気に入った料理屋でひいきにしていたが、その店長が変わってからは、食材もサービスもガラッとかわり、そもそも美味しいものがなくなってしまったことでその店には行かなくなり、直接、三崎に食事に行くようになった。当時は横浜に住んでいて、実際行ってみると築地よりはるかに近く、毎週のように食べ歩きをするうちに、様々な店の店主や、そこに来ていた地元の顧客とも話すことによって、いろいろなことがわかりだし、私のできることでなんとか地域の活性化が図れないだろうかと考えるようになったのである。

私たちは不動産事業で収益を上げているのであるから、不動産の活用を通じて地域に貢献するのが必然だと考え、まず最初は城ヶ島で売りに出ていたホテルを購入し、事業を開始した。

続いて商店街の入口付近の小さなビルを買って「澤田痴陶人美術館」というのを開設し、この美術館を観光案内所とした（次ページの写真参照）。そして、これをきっかけに、三浦市が募集していた「下町城ヶ島活性化事業」に応募し、第2事業として認定を受けたのである。ところが、である。

この事業の認定を受けて「三浦市・三崎・城ヶ島観光WEB http://www.cfnets.co.jp/misaki/」の製作が始まったときに、ちょっとした事件があった。このウェブサイトには私自身が実際に足を運んでみて、ちゃんとしたサービスの提供ができるところを順次掲載して行く予定だったところ、掲載していない店舗から苦情が入った。「税金で運営しているのに不公平な対応だ」というのだ。私個人、あるいは会社で負担している金額の1割にも満たない助成金をもらうことで、こんな面倒くさいことになるなら、正直なところ、別に助成金なんていらないと考え、せっかく認定を受けて助成金がもらえるようになっていたが、その交付は辞退させていただいた。もちろん前例のない私の行為に三浦市の吉田市長も戸惑っていたが、数回にわたる話し合いで、事業はやることは約束しているからやり遂げる、しかし助成金はいらないということで決着をつけさせて

日本人で初めて大英博物館で個展を開催された澤田痴陶人の美術館

いただいた。ところが、今度は「助成金をもらわないなら、最初から応募などしなければいいんだ」との非難を受ける始末。そんなことから最初のうちは、私自身、大変な悪者扱いにされる羽目になったのである。

2. 商店街の活性化

その後、商店街のはずれに、まずは別宅を構え、三崎で暮らすようになった。私の場合、銀座に出勤することもなく、横浜本部に車で40分くらいで通勤できるため、非常に快適な暮らしが実現できた。休みの日は釣りが楽しめるし、釣った魚は当社のホテルで調理して食べさせてもらえる。徐々に、私自身の老後なども考えるようになっていた。そんな折、三浦市の杉山副市長からの申出で、住民票を三浦市に移し、さらに商店街の重鎮からの勧めで三浦商工会議所の会員になり、さらに議員にもなった。

三崎商店街にあるミュージアム「みうら映画舎」

著名なヘアースタイリストを招致して美容院「UNO」を開業

三崎の新たな人気アイテム「三崎ドーナツ」、２階で飲食もできる

しかし、相変わらず人口の減少は止まらないし、年々、経済の厳しさは増すばかり。そこで商店街のシャッターを開け、観光客などを呼び込もうという作戦に出たのであるが、商店街の店舗を持っている人たちは、通常の賃貸事業に慣れていない人が多く、貸してもらうのは難しいと判断し、仕方がないので買い進めることにしたのである。

古い「蔵」を買って食器店舗に賃貸したり、商店街のビルを買って「みうら映画舎」という映画の被写体として提供して、その後その映画で使われた大道具や小道具などの展示を行っている会社に賃貸している（前ページの上の写真参照）。そこには、韓国の俳優パクヨンハ氏の

「MF 接骨院」と「MF クラブ」

黒板に書いたサインなども残されている。さらに蔵作りの店舗を購入して「炭火焼　蔵」を開業し、私が最初に買った別宅の１階部分では美容院「ＵＮＯ」を開業し（前々ページの下の写真参照）、閉店した眼鏡屋の店舗を買って「三崎ドーナツ」という店舗に貸している（前ページの写真参照）。また、商店街の真ん中にあった布団屋の店舗を買って「ＭＦ接骨院」と「ＭＦクラブ」というスポーツジムも開店している（上の写真参照）。ここで営業しているのは鈴木将太君で、元Ｊリーガーのミッドフィルダーである。このほかにも、この商店街の中の店舗や駐車場を買って、さらなる出店を加速しようと考えている。また、三崎の魚介類や三浦野菜を楽しんでいただけるように、東京の六本木には、「遊ヶ崎」という日本料理店も出店している。

ちなみに当時、夫婦で三崎の某居酒屋で食事をしていると、隣の席で「横浜の地上げ屋が三崎の物件を買い漁っているみたいだ」などとうわさ話をしている人と遭遇した。まさか隣で短パンアロハ姿の私が、その「地上げ屋」とは思わないらしく、居酒屋の店主とその客が様々な憶測を漏らしていた。今では、その居酒屋の店主も、その人物が私だということがわかっているので、ちょっとした笑い話になっている。

このシャッター通りだった商店街が、様々な形で店舗を開けることによって、私以外にも外から来て出店をする人が増えてきた。骨董品屋さんや、健康食材の飲食店、テキーラバーなど、ちょっと異色な店舗も現れ、少しずつではあるが地域の活性化が進みつつある。

3．金融の問題

ところが、である。

三浦市全体の地価は下げ続けているのと合わせて、不動産担保評価も下げ続けている。つまり、三浦市の不動産に投資すればするほど所有する物件の資産価値は下がり、他の所有不動産の担保を取られるようになってきた。私の場合、地元の不動産業者や某金融機関の不動産部からの情報で物件を買っていたのだが、売主側は担保評価が下がることによって事業資金の調達が厳しくなって売却し、買主側の私のほうは、購入物件の担保不足によって過剰な自己資金を入れて購入しているにもかかわらず、それでも担保の不足が生じる羽目になってしまった。投下資本約3億円に対し、借入金は8000万円まで返済が進んでいたが、横浜にある240坪の土地まで担保に入れていた。単純に建物が古いので担保評価が低いのであればわかるが、さらに流動性が低いので評価が出ないという金融機関の考え方が評価を下げ続けていたのだ。

多分、日本全国にかような地域が存在すると思うが、不動産の評価が低くなりすぎて潰れなくてもよい会社が潰れ、あるいは資金繰りが圧迫して売らなくてもよい土地を売却せざるを得ないという会社や個人事業主は多い。また、この評価の根底にあるのは金融機関の評価制度の厳格化にある。バブル経済が崩壊した後、不動産価格は下げ続けており、さらに日本の人口は減少し、少子高齢化により就労人口が減っているのだから住宅地の地価は下落している。あわせて、二極化が進むことで人口が集中するところの価値は上がり、その逆は下げ続ける。例えば、事業用の融資を受けた時点では1億円の評価があったものが3000万円くらいの評価になって、借入残が5000万円残っていたとすれば、正常な事業を行っているにもかかわらず債務超過となってしまい、本来、5000万円分の資金が泡となって消えることになる。実際、プロの投資家の私がかような経験をするとは、考えてもみなかった。

CFネッツグループでは多くの会社が存在し、すでに地元の信用金庫などの扱い部類ではないといわれていたが、某信用金庫が名乗りを上げてくれて、三浦市の事業の融資を引き受けてくれることになり、融資金を借り換え、横浜の物件の担保を外し、さらに再投資ができる状況になったが、普通の会社では難しい状況である。

日本造船史上最大のヨット「翔鴎（かもめとぶ）号」

4. 新たな取り組み

「翔鴎（かもめとぶ）」号を購入した（上の写真参照）。これは岡崎造船で建造された日本製で最大級のヨットである。あのリクルートの創業者江副氏が特注で造らせたもので、縁があって当社のグループ企業で買わせていただいた。このヨットを活用して、他に類のない地域活性化を図ろうと考えている。

この三崎港には、三崎フィッシャリーナ・ウォーフ「うらり」というのがある（次のページの写真参照）。1階には産直センターがあり、

三崎港の中心になったフィッシャリーナ・ウォーフ「うらり」

2階には多目的スペースと三浦市民ホールがある。また、この施設では「にじいろさかな号」という観光船も出していて、結構、ユニークな施設である。ここでは、すでにヤマハの会員制レンタルボート「シースタイル」などもやっていて、私自身もちょっと釣りに出かけるときなど重宝に利用している。しかし、残念なことに、この三崎港は1960年（昭和35年）3月21日に特定第3種漁港に指定され、このエリアにおいても、この法律が壁となって、観光資源の活用ができない。すでに実体的利用がなされていない遠洋漁業のために指定された古い法律によって縛られ、様々な規制を受けざるをえない。例えば「うらり」にはゲストバースが設置され

「うらり」の中だけではなく、三崎には新鮮な魚を扱う魚屋がいっぱいある

ているにもかかわらず、ここの利用は午後5時までである。せっかくヨットやプレジャーボートなどで来航しても夜は停泊ができない。ゴールデンウイークや夏休みなどは、三浦市の道路は混みあい、ボートなどで来航するのが一番よいのだが、夜は停泊できないから、明るいうちに帰ってしまうか、他のマリーナなどに行ってしまう。かつて、この街の夜のにぎわいは、遠洋漁業から帰港した船員たちが盛り上げていた事実と照らし合わせれば、宿泊施設のないこの街に自らの船で宿泊ができる人たちを誘致することは経済的に大きなメリットがあるはずである。

この街に来て、試行錯誤を繰り返しているわけだが、まだまだ答えは見つからない。ただ、他の自治体の真似事をしていたところで地域の活性化は図れない。私自身は「古い漁師街」の風情が残り、マグロだけではない一年中おいしい魚が食べられ、三毛作で知られる新鮮な三浦の地野菜が食べられ、海で囲まれた地の利をいかしてマリンレジャーが楽しめるこんな街は日本全国を探してもそうそうないと考えている。おまけに首都圏から近く、通勤圏内なのである。

これらの取り組みによって、ビジネスモデルを模索しているわけだが、私が思うにはビジネスが自立できなければ地域の活性化は図れない。様々な助成金や補助金などで成立しているものは、結果的に自由競争が成り立たないし、本質を見誤ることが多い。現在、弱体化しているエリアの多くは、本来、もっと以前になんらかの地域活性化のためのグランドデザインが必要であったし、そのための支援策として助成金や補助金などが活用されていればよかったように思う。この三浦市においては、国、神奈川県、三浦市で行った三崎の二町谷埋立事業で200億円ほどかけたが、実際、目的である漁港としての機能は発揮されず、三浦市は本事業で約100億円ほどの借金に苦しんでいる。この事業は、先に述べた「特定第3種漁港」であるがゆえに受けられた助成金で完成できたわけだが、そもそも水産加工分野での活用は難しく、では観光用に活用できるかといえば、逆に、埋立事業の趣旨と反するので、この活用には厳しい規制がかかってくる。当時、この街の将来像のグランドデザインが、果たしてこの埋立事業を完結して漁業や水産加工を伸ばしてゆく方針でよかったかどうかは疑問である。むしろ、今の時代に合わない「特定第3種漁港」の一部を返上し、もう一度、将来に向けたグランドデザインを引き直す必要があるのではないか。街は住む人、働く人のためにあり、かような観光地である以上、観光客のためにもあるのである。観光地の生き残り策は、来て楽しくなくては観光地とはいえない。従来のような政治的、行政的な視点ではなく、もっと単純に楽しい街づくりを目指せば地域活性化は難しいことではないのである。

先に述べたように、この街の潜在的な価値は古い漁師街の風情、一年中おいしい魚、新鮮な三浦の地野菜、そして海で囲まれた地の利である。様々な素材やサービスを束ね、なんらかのグランドデザインの発掘を目指し、奮闘している最中である。本書をお読みになった諸兄にも、ぜひ一度お越しいただきたいと願って、本書の筆を置きたい。

賃貸管理《ちんたいかんり》イノベーション戦略《せんりゃく》

――PM×コンサルティングで不動産業《ふどうさんぎょう》が進化《しんか》する――

平成26年8月6日　初版発行

著　　者　倉橋隆行

発行者　中野孝仁

発行所　㈱住宅新報社

出版・企画グループ　〒105-0001 東京都港区虎ノ門3-11-15(SVAX TTビル)
（本社）　電話（03）6403-7806

販売促進グループ　〒105-0001 東京都港区虎ノ門3-11-15(SVAX TTビル)
電話（03）6403-7805

大阪支社　541-0046　大阪市中央区平野町1-8-13(平野町八千代ビル)　電話（06)6202-8541㈹

＊印刷・製本/美研プリンティング㈱

＊落丁本・乱丁本はお取り替えいたします。

Printed in Japan

ISBN978-4-7892-3654-6 C2030